UTB 3515

Eine Arbeitsgemeinschaft der Verlage

Böhlau Verlag · Wien · Köln · Weimar
Verlag Barbara Budrich · Opladen · Farmington Hills
facultas.wuv · Wien
Wilhelm Fink · München
A. Francke Verlag · Tübingen und Basel
Haupt Verlag · Bern · Stuttgart · Wien
Julius Klinkhardt Verlagsbuchhandlung · Bad Heilbrunn
Mohr Siebeck · Tübingen
Nomos Verlagsgesellschaft · Baden-Baden
Orell Füssli Verlag · Zürich
Ernst Reinhardt Verlag · München · Basel
Ferdinand Schöningh · Paderborn · München · Wien · Zürich
Eugen Ulmer Verlag · Stuttgart
UVK Verlagsgesellschaft · Konstanz, mit UVK / Lucius · München
Vandenhoeck & Ruprecht · Göttingen · Oakville
vdf Hochschulverlag AG an der ETH Zürich

Kompetent lehren
Herausgegeben von Sabine Brendel

Band I
Bettina Ritter-Mamczek
Stoff reduzieren
Methoden für die Lehrpraxis

Bettina Ritter-Mamczek

Stoff reduzieren
Methoden für die Lehrpraxis

Verlag Barbara Budrich
Opladen & Farmington Hills 2011

Die Autorin:
Bettina Ritter-Mamczek, Dr. phil., Kommunikationswissen-schaftlerin, Geschäftsführerin und Dozentin der splendid-akademie, www.splendid-akademie.de

Bibliografische Information der Deutschen Nationalbibliothek
Die Deutsche Nationalbibliothek verzeichnet diese Publikation in der Deutschen Nationalbibliografie; detaillierte bibliografische Daten sind im Internet über http://dnb.d-nb.de abrufbar.

Gedruckt auf säurefreiem und alterungsbeständigem Papier.

ISBN 978-3-8252-3515-4

Lektorat: Claudia Kühne, Berlin
Satz: Susanne Albrecht-Rosenkranz, Leverkusen,
info@lektorat-albrecht.de
Umschlaggestaltung: Atelier Reichert, Stuttgart
Druck: Friedrich Pustet KG, Regensburg
Printed in Germany

Inhalt

Abbildungen

Gedanken vorweg

Lassen Sie sich inspirieren, anregen, ermutigen, provozieren.
Viel Freude!

„Du musst die Zusammenhänge kennen, der Rest steht im Lexikon."
(K. Lagerfeld)

„Kunst = Weglassen"
(L. Frank)

„Eine gute wissenschaftliche Theorie sollte einer Bardame erklärbar sein."
(E. Rutherford)

„Alles sollte so einfach wie möglich gemacht werden – aber nicht einfacher."
(A. Einstein)

„Iß nie mehr, als du tragen kannst."
(Miss Piggy)

„Lehren regt nicht in jedem Fall Lernen an. Lehren ist nur ein Informationsangebot."
(W. Edelmann)

„Lehren ist schwerer als Lernen, weil Lehren heißt: Lernen lassen."
(M. Heidegger)

„Wer andere zu leiten strebt, muss fähig sein, viel zu entbehren."
(J.W. v. Goethe)

„Lebenskunst ist die Kunst des richtigen Weglassens, das fängt beim Reden an und hört beim Dekolleté auf."
(C. Chanel)

„Man kann ohne Liebe Holz hacken, Ziegel formen, Eisen schmieden. Aber mit Menschen kann man nicht ohne Liebe umgehen."
(A. Tolstoj)

„Less is more"
(L.M. v.d. Rohe)

„Kürze ist die Schwester des Talents."
(A. Tschechow)
„Sie haben einen Adlerblick für

„Wenige Dinge auf Erden sind lästiger als die stumme Mahnung, die von einem guten Beispiel ausgeht."
(M. Twain)

„Klugheit ist die Kunst, zu erkennen, was man übersehen muss."
(W. James)

das Unwesentliche."
(F. Kortner)

„Hauptsache, die Hauptsache bleibt die Hauptsache."
(S.R. Covey)

Vorwort

Kompetent lehren ist eine neu im UTB- und Budrich-Verlag erscheinende Buchreihe; den Auftakt bildet der vorliegende Band *Stoff reduzieren. Methoden für die Lehrpraxis.* In der Reihe werden zentrale Themen des Lehrens an der Hochschule wissenschaftlich fundiert und zugleich praxisnah für die Hochschullehre aufbereitet. Damit werden Lehrende aller Hochschulen und Fächer unterstützt, ihre eigene Lehre in der praktischen Durchführung wie in der professionellen Reflexion zu verbessern und Antworten auf oft gestellte – zumeist aus der Praxis kommende – Fragen zu geben. Die einzelnen Bände sind so angelegt, dass sie neben einer theoretischen Fundierung zum jeweiligen Thema systematisch aufbereitete Instrumentarien, Methoden und methodische Werkzeuge aufzeigen und erläutern, sodass jede Leserin und jeder Leser diese in der eigenen Lehre umsetzen kann. Die Umsetzung in die jeweilige Fachkultur und Erfordernisse der Fächer erfordert Phantasie und Kreativität von jedem und jeder Lehrenden, die wir mit konkreten Beispielen aus den verschiedenen Fachlehren anregen wollen.

Diesem ersten Band *Stoff reduzieren. Methoden für die Lehrpraxis* folgt fast zeitgleich der zweite Band *Schwierige Situation in der Lehre meistern. Methoden der Kommunikation und Didaktik in der Lehrpraxis* von Eva-Maria Schumacher. Im Frühjahr 2012 erscheinen die Bände von Johannes Wildt und Beatrice Wildt zu den Themen „Prüfen" und von Ulrike Scheuermann zum „Wissenschaftlichen Schreiben in der Lehre". In jedem Jahr werden zwei bis drei Bände erscheinen, so lassen sich über einen längeren Zeitraum die zentralen Themen der Lehre – von Vorbereiten/Planen über Durchführen, Beraten und Prüfen bis hin zum Evaluieren und Innovieren in der Lehre sowie sich daran anschließende Themen – bearbeiten.

Verfasst werden die einzelnen Bände von fachlich anerkannten und zugleich hochschuldidaktisch ausgewiesenen ExpertInnen. Die AutorInnen der Reihe *Kompetent lehren* haben mehrfach Seminare zum jeweiligen Themenbereich am Berliner Zentrum für Hochschullehre und an anderen hochschuldidaktischen Einrichtungen durchgeführt. Mit seinem thematisch sehr breiten Workshopangebot verfügt das Berliner Zentrum für Hochschullehre über einen großen Pool an herausragenden DozentInnen.

„Lehre kann man und frau lernen!" – diese Überzeugung hat sich inzwischen an vielen Hochschulen etabliert. Die Maxime verfolgen alle in der Hochschuldidaktik tätigen Professionellen; die Reihenherausgeberin ist wie auch die AutorInnen der einzelnen Bände überzeugt, dass sich „gute Lehre" erlernen lässt. Einzige Voraussetzung ist die Bereitschaft der Lehrenden, neben der wissenschaftlichen und fachlichen Expertise im jeweils eigenen Feld, Kompetenzen zu erwerben, wie die eigene Lehre besser vorbereitet, fachspezifisch, spannend und mit Freude für alle Beteiligten durchgeführt und Studierende erfolgreich beraten und geprüft werden können.

Dieser erste Band *Stoff reduzieren. Methoden für die Lehrpraxis* ist bewusst einer der ersten beiden Bände in der Reihe *Kompetent lehren*, denn es ist eine zentrale Aufgabe von Lehrenden an Hochschulen und Universitäten, den umfangreichen wie aktuellen Wissens- und Kenntnisstand des Faches systematisch und konsequent so zu reduzieren, dass Studierende in einem Semester den Kern des Themas erfassen, aber auch die von Ihnen intendierten Ziele erreichen. Eine konsequente Stoffreduktion ist also entscheidend für das Gelingen der Lehre und das studentische Lernen.

Ich wünsche Ihnen viel Spaß bei der Lektüre dieses Bandes – lassen Sie sich anregen und ermutigen, die eine oder andere Idee, die Sie in diesem Werk finden, auf Ihre Weise umzusetzen!

Dr. Sabine Brendel
Berlin, im April 2011

Einleitung

„Einfachheit ist die höchste Stufe der Vollendung."
(L.d. Vinci)

Doch wie können wir sie erreichen?

- Stoff reduzieren – oder der Blick auf das Wesentliche.
- Stoff reduzieren – oder die Kunst des Fokussierens.
- Stoff reduzieren – oder die Kunst der Begrenzung.
- Stoff reduzieren – oder die Kunst des Beschränkens.
- Stoff reduzieren – oder die Kunst des Blickelenkens.
- Stoff reduzieren – oder die Kunst der Vollständigkeit.
- Stoff reduzieren – eine Kunst?

So oder so, liebe Leserin und lieber Leser: Stoff reduzieren und Inhalte für eine bestimmte Zielgruppe auswählen, zuspitzen und fokussiert darstellen – ist eine Kunst, die erlernbar ist! Frei nach dem Motto „Weniger ist mehr"!

Mit diesem ersten Band der Reihe *Kompetent lehren* sind Sie herzlich eingeladen, diese Kunst zu erlernen und Stück für Stück in Ihren Lehralltag zu integrieren. Das Buch richtet sich anschaulich und ideenreich an Lehrende in Universitäten und Hochschulen und ist zugleich ein Arbeitsbuch für alle, die lehren und trainieren, einerlei in welchen Welten und Kontexten, in welchen Zusammenhängen und Institutionen. Es werden Ihnen – anhand von theoretischen Darstellungen, Checklisten und Übungsaufgaben – die zahlreichen Facetten und Möglichkeiten der Stoffreduktion aufgezeigt.

Im ersten Teil wird Orientierung zum Thema „Stoff reduzieren" gegeben. Der zweite Teil behandelt die Lehrveranstaltungsplanung im Allgemeinen; hier erfahren Sie vor allem theoretische wie auch handlungsrelevante Grundlagen zur Stoffreduktion. Im dritten Teil finden Sie praxiserprobte Instrumente und Techniken der Strukturierung und Stoffreduktion. Das vorliegende Werk endet mit einem vierten und einem fünften Teil, in welchem Sie konkrete Praxisbeispiele finden und zu den unterschiedlichsten Perspektivwechseln eingeladen werden. Vor allem die Teile 3, 4 und 5 sind mit zahlreichen Übungen und Praxistipps aus meiner 18-jährigen Praxis als Dozentin und Moderatorin gespickt.

Wenn Sie mögen, können Sie von Beginn an das Lesen mit praktischen Übungen untermauern und eine Ihrer bevorstehenden Lehrveranstaltungen planen. Wenn Sie dieses tun, so entwickeln Sie Stück für Stück, entsprechend der Kapitel und Vorschläge, Ihre Lehrveranstaltung und bereiten diese vor. Wenn Ihnen ein anderes Vorgehen lieber ist: Auch ein punktuelles Lesen und Erarbeiten der Techniken und Inhalte ist möglich! In jedem Fall hilft ein Notizbuch oder Ähnliches als Lesebegleitung. Denn das Buch ist so verfasst, wie Workshops gestaltet werden: stark handlungsorientiert. Nur so kann nachhaltiges Lernen gelingen (vgl. empirische Erkenntnisse, z.B. in Döring/Ritter-Mamczek 2002).

Ein sehr spezieller, funkelnder Dank gilt an dieser Stelle meiner Kollegin Andrea Lederer, die mit ihrer splendid-Unterstützung und -Begleitung erst die Umsetzung dieses Buches ermöglicht hat. Vielen Dank! Ebenso gilt ein besonderer Dank meinen „geistigen Vätern"; hier seien besonders Prof. K.W. Döring (Berlin) und Prof. M. Lehner (Wien) genannt, die durch ihr theoretisch-praktisches Wirken den Grundstein für meine Art des Lehrens und Trainierens gelegt haben. Ich möchte mich auch bei meinen KollegInnen und TeilnehmerInnen für die kritische Auseinandersetzung mit den theoretischen Konstrukten und den vielen Praxistauglichkeitstests danken. Sie sind der Nährboden für mein splendid-Lehr- und Lernvergnügen. Danke! Ja, und Dr. Sabine Brendel, der Herausgeberin dieser neuen hochschuldidaktischen Reihe *Kompetent lehren*, sage ich ebenfalls herzlich Danke. Nur durch sie ist es möglich geworden, dass Sie dieses Buch in den Händen halten.

Und nun, liebe Leserin und lieber Leser, sind Sie dran!

Viel Freude beim Lesen, Reflektieren,
Ausprobieren und vor allem:
beim Lehren und Trainieren mit Vergnügen!
Jutta Witte-Manuch
Splendid-akademie, Berlin 2011

1   Im Kontext denken

1.1   Der Gesamtzusammenhang – Kompetent lehren

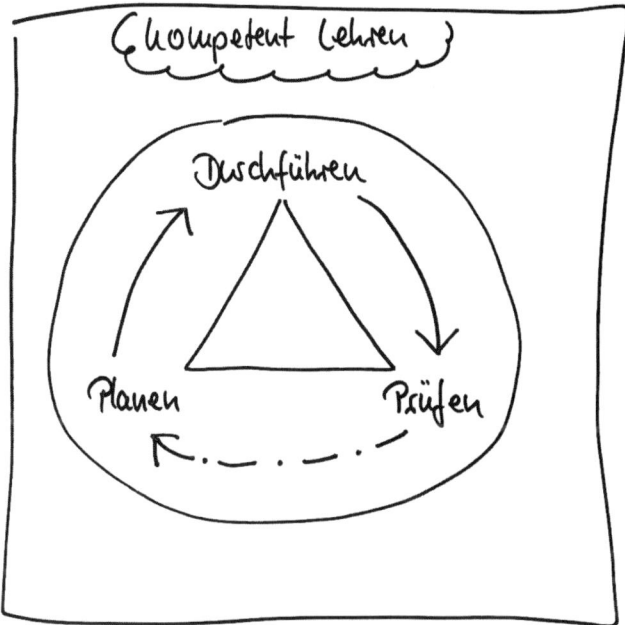

Abbildung 1:   Kompetent lehren

Das kompetente Lehren hat viele Facetten. Es beginnt mit einer professionellen und zielorientierten Planung und Vorbereitung, geht über in eine handlungsorientierte und teilnehmerzentrierte Durchführung, wird unterstützt durch eine professionelle Beratung und mündet in der Hochschule häufig in einer praxisnahen und transfersichernden Prüfung.

Einer zielorientierten Planung kommt dabei eine entscheidende Rolle zu. Sie ist nicht nur der erste und damit wichtige Schritt, sondern mit einer zielorientierten Planung werden entscheidende Weichen für die Lehrveranstaltung gestellt. Es werden nicht nur Inhalte eingegrenzt (und damit der inhaltliche Rahmen definiert), sondern mit der inhaltlichen und vor allem zielorientierten Planung und stofflichen Reduktion wird entschieden, welche Methoden und Medien zum Einsatz kommen, in welchen Sozialformen gearbeitet wird und was am Ende wie geprüft wird.

1.2 Ziele des Buches

> „Simplizität hat nichts mit Dummheit zu tun."
> *(R. Hunter Jr.)*

Viele Lehrende stehen vor ähnlichen Problemen und Fragestellungen in der Lehre: Wie den vielen theoretischen Stoff bündeln, strukturieren und reduzieren? Wie die abstrakten, komplexen Inhalte den Studierenden präsentieren? Wie kompetenzorientiert und teilnehmerzentriert lehren, wenn dafür keine Zeit ist? Wie sich Freiräume für Praxisfälle und Trainingssequenzen schaffen? Wie sich vor Kollegen und Kolleginnen behaupten, die sich hinter Bergen aus Wissen verstecken?

In diesem Werk werden die Techniken der Stoffreduktion und -strukturierung praxisnah und anschaulich dargestellt. In zwölf Schritten können Lehrende den Prozess der Reduktion und Strukturierung nachvollziehen und bekommen Instrumente an die Hand, diese selbst an ihren Themen auszuprobieren und anzuwenden. Die Instrumente sind hilfreiche Tools zur Reduktion und Strukturierung von Stoff, sie sind in diesem Buch einem Fahrplan gleich angelegt, der – entsprechend angewandt – den Lesern Schritt für Schritt bei der eigenen Planung helfen kann. Denn eins ist klar: Stoffreduktion führt zu einem Gewinn – zu einem Lehr- und einem Lerngewinn!

Das Ergebnis der Reduktion – Fachlandkarte genannt – ist auf zwei Ebenen für jeden Lehrenden hilfreich: Zum einen steigert sie die Effektivität in der Vorbereitung von Veranstaltungen, und zum anderen ist sie für die Präsentation in den Lehrveranstaltungen eine wertvolle Herangehensweise. Für die Lernenden sind die Fachlandkarten ebenfalls auf zwei Ebenen hilfreich: Einerseits steigern sie die Gedächtnis- und Behaltensleistung, und andererseits geben sie Überblick und Orientierung. Abgerundet wird das vorliegende Buch durch eine Ideensammlung möglicher Fachlandkarten und Veranschaulichungen.

Die vorliegende Abhandlung wirft viele Fragen auf, die im Sinne der Stoffreduktion in diesem Buch (leider) unbeantwortet bleiben – hierin liegen die Grenzen des Buches:

- Wie kann eine veranstaltungsübergreifende Vorbereitung mit anderen Lehrenden gelingen?
- Wie funktioniert Lernen, und welche lerntheoretischen Ansätze gibt es?
- Welche Lehr-Sozialformen und -Methoden gibt es für die Hochschullehre?
- Welche Medien machen zu welchen Themen Sinn, und wie sind sie zu gestalten?
- Welche Möglichkeiten und Wege gibt es im Umgang mit heterogenen Gruppen?
- Wie lassen sich TeilnehmerInnen – nicht nur zum Selbststudium – motivieren?
- Wie kann der Umgang mit Störungen gelingen?
- Welche Methoden und Techniken zur Transfersicherung gibt es?
- Wie kann kompetenzorientiert geprüft werden?
- Wie sieht ein professionelles Zeitmanagement aus?
- Wie erhält man sich – oder gewinnt – die Freude am Lehren und Lernen?
- Welches Rollenverständnis hilft im Hochschulalltag?

- Wie lassen sich Lehre und Forschung unter (m)einen Hut bringen?

Die Vielfalt der Fragen zeigt auf, dass Lehren und Lernen an Hochschulen ein breites Feld ist und hierzu in einem Buch bei Weitem nicht alle Antworten gegeben werden können. In der Reihe *Kompetent lehren* werden zukünftig diese Fragen im Einzelnen und praxisnah bearbeitet und veröffentlicht werden. Es gibt darüber hinaus viel und gute Literatur zu den o.g. Fragen (wie z. B. Berendt/Voss/Wildt et al. 2006: *Neues Handbuch Hochschullehre*; oder Döring 2008: *Handbuch Lehren und Trainieren in der Weiterbildung*), einen Teil davon finden Sie im Literaturverzeichnis am Ende des Werkes.

1.3 Eine gemeinsame Sprache finden – Begriffsklärung

Im vorliegenden Werk werden die unterschiedlichsten Fachbegriffe verwendet. Doch wovon reden wir, wenn diese benutzt werden? Im Folgenden finden Sie die Grundgedanken einer handlungsorientierten und studierendenzentrierten Didaktik mit den entsprechenden Begrifflichkeiten – einem Glossar gleich – kurz und knapp erläutert. Die Begriffe mögen eine Orientierung auch über die Grundsätze einer handlungsorientierten Didaktik geben; die Begriffe stehen nicht alleine, sondern bilden ein ganzheitliches Verständnis von Lehren und Lernen ab. Sie dienen als Fokus bzw. Filter und sind – wie bei den Stoffreduktionstechniken selber – das sogenannte Orientierungswissen (vgl. Kapitel 3.6 „Der Kompass – Orientierungswissen").

Curriculum

Als „Curriculum" bezeichnet man ein ‚pädagogisch-didaktisches Konzept' – einen Lehrplan –, das einem Studiengang oder einer Weiterbildung zugrunde liegt.

Didaktik

Der Begriff „Didaktik" stammt aus dem griechischen *didaxis* und steht hier für ‚Lehre, Unterricht'. Entsprechend ist Didaktik im umfassenden Sinne die Wissenschaft des Lehrens und Lernens. Nach Siebert (2006:2)

„ist Didaktik prinzipiell die Vermittlung zwischen Sachlogik des Inhalts und der Psychologik des/der Lernenden. Zur Sachlogik gehört eine Kenntnis der Strukturen und Zusammenhänge der Thematik, zur Psychologik die Berücksichtigung der Lern- und Motivationsstrukturen der Teilnehmer".

Dieses didaktische Verständnis wirft für Lehrende besonders die Frage nach „der richtigen Auswahl der Inhalte" auf. Didaktik wird in der Folge nicht als Vermittlungs-, sondern als Ermöglichungswissenschaft begriffen (vgl. Arnold 2007). Die Didaktik kümmert sich „um die Frage, wer, was, von wem, wann, mit wem, wo, wie, womit und wozu lernen" kann (vgl. Jank/Meyer 2002:16).

DozentIn

Aus dem Lateinischen *docedere* für ‚lehren, unterweisen'. Jeder, der andere unterrichtet bzw. lehrt, ist ein Dozent/eine Dozentin (vgl. Schaub/Zenke 2008:106). Die Begriffe „DozentIn", „Lehrende/r", „TrainerIn", „ReferentIn", „AusbilderIn" werden in dem vorliegenden Werk synonym verwendet.

Kompetenzen

Der Begriff „Kompetenzen" stammt aus dem Lateinischen, hat seinen Ursprung in *competere* und bedeutet ‚zu etwas fähig sein', ‚ausreichen', ‚zusammentreffen'. Er steht somit für Fähigkeiten und Fertigkeiten im Allgemeinen. Bei Lehrenden stehen die Kompetenzen in der Regel für das, was die Lehrperson kennen und können sollte. Bei Studierenden stehen die Kompetenzen in der Regel für das, was sie „mitbringen", bzw. für das, was sie lernen sollten (vgl. Professionalität).

Handlungsorientierung

Dies ist ein Lehr-Lernverständnis, das sich für Teilnehmerorientierung und Selbsttätigkeit der Lernenden (im Falle der Hochschule: der Studierenden) im Unterrichtsgeschehen einsetzt. Handlungsorientierter Unterricht steht im starken Gegensatz – bzw. am anderen Ende einer fiktiven Skala – zum Frontalunterricht. Handlungsorientierter Unterricht stellt die Lernenden in den Mittelpunkt. Er fordert die Aktivität der Lernenden und die damit verbundene aktive, expressive Auseinandersetzung mit den Lehrinhalten. Im Gegensatz dazu steht das passive, rezeptive Verhalten der Lernenden bei Frontalunterricht, der – einer Einbahnstraße gleich – auf die Informations- und Wissensaufnahme (weniger auf die aktive Verarbeitung) setzt (vgl. Aebli 2003, Döring 2008).

Lehr-Lernziele

Ein Gedanke vorweg: Wie in der Kommunikation geht es beim Lehren weniger um *Sie* als Lehrperson, vielmehr um *sie*, Ihre TeilnehmerInnen!

Daher wird im vorliegenden Text auch von Lehr-Lernzielen – und nicht nur von Lehrzielen – gesprochen. Oberstes Gebot beim Lehren sollte die Synchronisation von Lehr-

und Lernzielen sein. Die Kunst liegt zumeist am Beginn einer Lehrveranstaltung im Beantworten der Frage: Wie lassen sich aus Lehrzielen der Lehrenden und Lernzielen der TeilnehmerInnen gemeinsam Lehr-Lernziele für die Veranstaltung bzw. das Semester entwickeln?

Die Entwicklung dieser Lehr-Lernziele geschieht nicht im luftleeren Raum, sondern das neue Hochschulrahmengesetz gibt dazu eindeutige Vorgaben. Im Hochschulrahmengesetz werden im § 7 übergeordnete Ziele von Lehre und Studium wie folgt formuliert (vgl. Winteler 2008: 32f.):

„Lehre und Studium sollen den Studenten auf ein berufliches Tätigkeitsfeld vorbereiten und ihm die dafür erforderlichen fachlichen Kenntnisse, Fähigkeiten und Methoden dem jeweiligen Studiengang entsprechend so vermitteln, dass er zu wissenschaftlicher oder künstlerischer Arbeit und zu verantwortlichem Handeln in einem freiheitlichen, demokratischen und sozialen Rechtsstaat befähigt wird."

Dies bedeutet: In jeder Lehrveranstaltung sollten sich Lehr-Lernziele wiederfinden, die diesen Vorgaben entsprechen und

- den/die TeilnehmerIn auf ein berufliches Tätigkeitsfeld vorbereiten
- fachliche Kenntnisse, Fähigkeiten und Methoden – entsprechend des Studienganges – vermitteln
- zu wissenschaftlicher und/oder künstlerischer Arbeit befähigen
- zu verantwortlichem Handeln – in einem freiheitlichen, demokratischen und sozialen Rechtsstaat – befähigen

Daher geht es bei der Suche nach und dem Formulieren von Lehr-Lernzielen stets um

- das Schaffen von Transparenz und Klarheit
- das Vorgeben einer „Denk-Lern-Richtung"
- das Orientieren aufseiten der Studierenden
- das Schaffen eines Rahmens

- das Bündeln von Energie
- das Sparen von Ressourcen

Sowohl für den Lehrenden in der Vorbereitung und Lehr-praxis als auch für den Lernenden in der Veranstaltung, in der Vor- und Nachbereitung, ja letztlich in der Prüfung und im Praxisfeld sind Lehr-Lernziele von daher unumgänglich! Sie sind das Herzstück einer professionellen und kompeten-ten Lehre und damit der Stoffreduktion und -strukturie-rung. Nehmen Sie ein Bild mit auf die weitere Lesereise: Lehren ohne Lehr-Lernziel ist wie Spazierengehen im Nebel – man verliert die Orientierung, die Sicherheit und Perspek-tive, wahrscheinlich sogar die Motivation!

Lehren

Das Wort „Lehren" ist etymologisch mit dem Wort „Ler-nen" verwandt. Beide gehören zu der Wortgruppe „leisten" und eine „Spur hinterlassen". Daraus abgeleitet stellt sich bis heute die Frage, wie wir beim Lehren Spuren hinterlas-sen können. „Lehren ist Lernen machen" (O. Willmann) oder wie Döring (2008:128) es formuliert: „Lehren heißt Die-nen." Diese Grundhaltung beschreibt die Rolle des Lehren-den als jemand, der Lernen ermöglicht, der mit seiner Di-daktik konsequent bei den Teilnehmenden ansetzt und fragt, wie er diese aktivieren, unterstützen und im Lernpro-zess begleiten kann. Kurz: Der Lehrende als jemand, der Spurenlegen ermöglicht und begleitet, ist jemand, der all sein Handeln an den Teilnehmenden ausrichtet.

Lernen

Nach Hilbert/Bower (1997) ist „Lernen" eine Veränderung im Erleben und Verhalten eines Individuums, die nicht auf neurophysiologische Reifungsvorgänge oder vorübergehen-de Zustände des Organismus zurückgeführt werden kann. Erkenntnistheoretisch kann der Lernbegriff „als ‚Vermittlung' aufgefasst werden und ‚Verstehen' und ‚Lernen' als „Aneignung von bislang nicht Verstandenem, bislang nicht Gewusstem und nicht Gekonntem" (Meueler 2010:974). „Lernen ist Informationsverarbeitung" (vgl. Döring/Ritter-Mamczek 2002) und als ein ‚aktiver, ganzheitlicher, dynamischer, mehrdimensionaler Prozess' zu verstehen. Dieser Prozess lässt sich am treffendsten in zwei Phasen beschreiben: dem „Ein"- und dem „Ausatmen".

1. Phase: Die rezeptive Phase des Lernens, das sog. „Einatmen", sollte nach Möglichkeit nicht länger als 20 Minuten dauern, will man Erkenntnisse der Hirnforschung berücksichtigen und Lernen möglich machen. Sie besteht aus:

- dem Antrieb, der Motivation, dem Lerninteresse
- dem sensorisch bestimmten Informationsaufnahmeprozess
- der Informationsverarbeitung als assoziativen Verknüpfungsvorgang
- der Informationsverankerung als Speicherungsprozess

2. Phase: Die expressive Phase des Lernens, das sog. „Ausatmen", sollte nach Möglichkeit mindestens 20 Minuten dauern, will man auch hier Erkenntnisse der Hirnforschung berücksichtigen und die Informationsverarbeitung – also Lernen – wirklich ermöglichen. Sie besteht aus:

- der Erinnerungsarbeit
- der Wiedergabe des Gelernten
- der Transferarbeit (Simulieren, Rollenspiel)
- der Realhandlung (Praxis bewältigen, Fälle lösen)

Untersuchungen haben gezeigt, dass das Vorwissen der TeilnehmerInnen das Lernen stärker beeinflusst als die Aktivität des Lehrenden (vgl. Winteler 2008:31). Dementsprechend ist es die Aufgabe des Lehrenden, Wege, Möglichkeiten und Lernfreiräume für die TeilnehmerInnen zu schaffen, um aktiv am Vorwissen und den Erfahrungen anzuknüpfen.

Lerntypen

Folgende fünf „Lerntypen" lassen sich unterscheiden (vgl. Vester 2009):

- der visuelle Lerntyp
- der auditive Lerntyp
- der haptische Lerntyp
- der verbal-abstrakte Lerntyp
- der gesprächsorientierte Lerntyp

Wenn von diesen fünf Lerntypen gesprochen, geschrieben wird, ist das zugleich richtig und falsch. Diese fünf Lerntypen gibt es nicht. Jeder Mensch hat seine individuellen Verarbeitungspräferenzen, und der individuelle Lerntyp wird bestimmt durch eine Kombination unterschiedlicher Sinneskanäle und Verarbeitungsschwerpunkte. Erst die Kombination verschiedener Sinne macht uns zu dem Lerntyp, der wir heute sind.

Lehrende sollten in ihren Veranstaltungen diese Lerntypen berücksichtigen und von daher mit einem breiten Methoden- und Medienrepertoire den unterschiedlichsten Lerntypen und Lerngewohnheiten der Studierenden entgegenkommen.

Medien

„Medien im Unterricht sind Kommunikationsmittel, die zur Unterstützung und Optimierung von Lehr- und Lernprozessen eingesetzt werden" (Schaub/Zenke 2008:242). Der Begriff „Medium" stammt aus dem Lateinischen *medium* und bedeutet ‚Vermittler'. Entsprechend werden alle Lehr- und Lernmittel, die bei der Vermittlung von Inhalten helfen, als Unterrichtsmedien bezeichnet.

Methodik

Ein Handlungsfeld der Didaktik, das sich mit dem konkreten Vorgehen beim Lehren befasst. Der Begriff stammt aus dem griechischen *methodos* und bedeutet ‚Vorgehen, Verfahren'. „Methodik" ist entsprechend die Lehre von den Lehr- und Sozialformen, die zur Erreichung bestimmter Lehr-Lernziele in der Lehrveranstaltung zur Verfügung stehen. Dies bedeutet, dass die eingesetzten Methoden stets nur dem Lernen der TeilnehmerInnen und dem Erreichen der formulierten Lehr-Lernziele dienen sollen, sie sind also kein autonomes Element in der Lehre und dienen keinem Selbstzweck.

Modulbeschreibungen

„Modulbeschreibungen" sind an Hochschule und Universitäten eine Art Steckbrief, die die Anforderungen, den Umfang und die Inhalte einer Lehrveranstaltung widerspiegeln. Im Rahmen der Einführung von Bachelor- und Masterstudiengängen wurde und wird versucht, die Ziele und Lehrinhalte eines Moduls im Gesamtbildungsziel eines Studienganges abzubilden. Daneben werden in Modulbeschreibungen auch die gewünschten Lehr- und Sozialformen sowie Prüfungsanforderungen und -formen beschrieben. Die Voraussetzungen für die Teilnahme an einem Modul sowie die Anzahl der Leistungspunkte sind ebenfalls Bestandteil der Modulbeschreibungen.

Planung

Pädagogische „Planung" ist kein deterministisch-geschlossenes Vorgehen, sondern ein zukunftsoffenes und strategisch ausgerichtetes Anliegen (vgl. Sloane 1999:36). Die pädagogische Planung hat mehr im Blick als das bloße Planen und Abarbeiten von Inhalten. Vielmehr ist sie ein ganzheitlicher Prozess und stellt die jeweilige Lehr-Lern-

welt mit allen Beteiligten und Eventualitäten in den Vor-
dergrund.

Professionalität

„Professionalität ist die Ausgeprägtheit der Kompetenzen,
die für ein zielerreichendes Handeln in einem bestimmten
Bereich unverzichtbar sind" (Arnold/Tutor 2007: 190). Auch
Döring nennt (2008:114ff) fünf Kompetenzbereiche, die für
gute Lehre bei Lehrenden ausgeprägt sein sollten:

- soziale Professionalität wie z.B. Kommunikationsfähigkeit
- personale Professionalität wie z.B. Lernfähigkeit
- Organisatorische Professionalität wie z.B. Zeitplanung
- fachliche Professionalität: darunter wird z.B. Fachkompetenz verstanden (hier ist das vorliegende Thema Stoffreduktion verortet)
- didaktische Professionalität: die Fähigkeit Methoden zielorientiert einzusetzen

Roter Faden

„Wir hören von einer besonderen Einrichtung bei der englischen
Marine. Sämtliche Tauwerke der königlichen Flotte – vom stärksten
bis zum schwächsten – sind dergestalt gesponnen, das ein roter
Faden durch das Ganze durchgeht, den man nicht herauswinden
kann, ohne alles aufzulösen, und woran auch die kleinsten Stücke
kenntlich sind, dass sie der Krone gehören. Ebenso zieht sich
durch Ottiliens Tagebuch ein Faden der Neigung und Anhänglich-
keit, der alles verbindet und das Ganze bezeichnet."

(vgl. Goethes *Wahlverwandtschaften*).

In diesem Sinne beschreibt der „rote Faden" im Bereich der
Lehre die didaktische Stringenz einer Lehrveranstaltung,
bezogen auf: TeilnehmerInnen, Lehr-Lernziele, Inhalt, Methoden, Medien, d.h. das gesamte Lehr-Lernarrangement.

Seminaristischer Unterricht

„Seminaristischer Unterricht" ist im Zuge der Internationalisierung der Hochschulen und Universitäten zum geflügelten Wort geworden. Dabei beschreibt es eine Lehrveranstaltungsform, die an sich nicht neu ist: Studierende lernen, und Dozenten/Dozentinnen lehren in Form von Kurzvorträgen, Diskussionen, Übungen. Im Gegensatz zur klassischen Vorlesung ist seminaristischer Unterricht der Versuch, handlungsorientierte Lehr-Lernangebote zu machen.

Stoffreduktion

Es gibt viele Ausreden und Gedanken, wenn es um „Stoffreduktion" geht:

- „Ich habe keine Zeit für irgendwelche Spielchen."
- „Ich habe so viel Stoff zu vermitteln, da ist kein Platz für Methoden."
- „Methoden und Spielchen gehören nicht an die Universität, zur Stoffvermittlung eignen sie sich nicht."
- „Mit irgendwelchen Übungen kommt der Stoff nicht verständlich rüber, ich muss doch meinen TeilnehmerInnen mein Wissen vermitteln."
- „Es geht beim Lehren um Wissensvermittlung und sonst nichts."
- „Ich bin selbst so begeistert von meinem Thema."
- „Ich habe selbst so lange daran studiert und geforscht, das lässt sich nicht reduzieren."

Die Liste ließe sich beliebig verlängern. Denn gerade die Stoffmenge scheint ein unschlagbares Argument gegen Methodeneinsatz und gegen Methodenvielfalt zu sein. Das Verstecken hinter der Stoffmenge ist häufig ein Indiz für fehlende Reduktionstechniken in der Seminarplanung und Vorbereitung.

Die Stoffreduktionstechniken sind für jeden Lehrenden die Basis seines didaktischen Handelns und sollten prinzipiell bei der Planung und Vorbereitung des Unterrichts als die zentrale Arbeit angesehen werden.

Jeder Lehrende steht vor dem gleichen Problem:

Abbildung 2:   Ein Dilemma

Stoffreduktions- und -strukturierungstechniken helfen. Sie schaffen

- den Blick auf das Wesentliche,
- Raum für Methodik und Didaktik,
- den Weg raus aus der Vollständigkeitsfalle (vgl. Lehner 2006),

- Raum fürs selbstständiges Denken und Handeln der TeilnehmerInnen,
- Freiräume für TeilnehmerInnen,
- Raum für Ein- und Ausatmen – und damit für Lernen überhaupt,
- Steigerung der Behaltensleistung.

„Reduzieren" heißt entsprechend, Wichtiges zu selektieren und den Stoff zu komprimieren und auf Wesentliches zu fokussieren. Reduktion auf Vollständigkeit ist dabei das oberste Ziel dieser Technik und nicht das bloße „Wegstreichen scheinbar unwichtiger Aspekte" (vgl. Döring/Ritter-Mamczek 2002).

Strukturierung

„Didaktische Strukturierung" bedeutet, eine Gewichtung der Themen entlang der Bildungsbedürfnisse der TeilnehmerInnen. Wird die Schwerpunktsetzung im Kontext des gesamten Studienganges bzw. der Veranstaltung deutlich gemacht, bleibt die Vollständigkeit des Themenkataloges erhalten und erfährt dadurch eine übersichtliche, nachvollziehbare Struktur.

TeilnehmerInnen/Zielgruppe

Die TeilnehmerInnen, die Zielgruppe jedes institutionalisierten Lehr-Lerngeschehens, stehen im Zentrum des Handelns als Lehrende/r. Alles sollte darauf gerichtet sein, dass Studierenden, Erwachsenen, KollegInnen – mit jeweils unterschiedlichem, spezifischem Erfahrungshintergrund – lernen ermöglicht wird. Erwachsene TeilnehmerInnen lassen sich – auch wenn sie gleichwohl sehr heterogen daher kommen – durch ihre flüssige und kristalline Intelligenz charakterisieren (vgl. Cattell/Häcker/Schmidt 1999):

| Die flüssige Intelligenz: | Auffassungsgabe, Verarbeitungsniveau sinkt mit zunehmendem Alter |
| Die kristalline Intelligenz: | Erfahrungen, Erlerntes steigt mit zunehmendem Alter |

In der Auswahl der Inhalte und Methoden ist neben diesen unterschiedlichen Intelligenzen und dem entsprechend individuellen Erfahrungshintergrund der TeilnehmerInnen die Gruppengröße und Motivation der TeilnehmerInnen ein entscheidendes Kriterium für das Gelingen des Lehr-Lern-abenteuers.

Zeitmanagement

Eine realistische Zeitplanung – sowohl in der Vorbereitung, als auch in der Durchführung und Nachbereitung von Lehrveranstaltungen – ist das „A und O" für die Zufriedenheit und das Gelingen der Lehrveranstaltungen.

Bei einer realistischen Zeitplanung können folgende Punkte helfen:

A. Eine Aufgabenliste aller anstehenden Aufgaben in der Vorbereitung machen, die Bearbeitungszeiten schätzen und Prioritäten setzen.
B. Pufferzeiten einplanen (60 % der Zeit verplanen, 40 % der Zeit unverplant lassen für Unvorhergesehenes, spontanes Recherchieren etc.)

Für die Lehrveranstaltung selbst sollte ebenfalls nicht die gesamte Zeit verplant sein, hier können ähnliche Zeitpuffer-ansätze helfen. In der Lehrveranstaltung selbst hilft ein strenges Einteilen der Inhalte entsprechend der A) „muss-soll-kann"-Regel und B) das Einplanen der sog. „didaktische Weiche". Im Einzelnen heißt das:

A) Die „Muss-Soll-Kann"-Regel (vgl. Kapitel 3.8)

„Muss-Inhalte"	Auf diese darf nicht verzichtet werden (Hauptaussagen).
„Soll-Inhalte"	Schön, wenn sie gelehrt werden; können bei interessanten Diskussionen der Muss-Inhalte ggf. entfallen.
„Kann-Inhalte"	Bei besonders „hungrigen" Studierenden können diese Details gelehrt werden.

Eine systematische Aufteilung der Inhalte in diese drei Kategorien kann enorm reduzieren und strukturieren helfen.

B) Didaktische Weiche

Die „didaktische Weiche" ist einerseits eine Sammelbezeichnung für methodische Alternativen zum selben Inhalt, die unterschiedliche Zeit in der Lehrveranstaltung brauchen. Andererseits ist es eine Technik für das Bereitstellen unterschiedlicher Inhalte durch den Dozenten/die Dozentin – je nach Interessenlage der TeilnehmerInnen kann dann in der Veranstaltung flexibel reagiert und reduziert werden. In der Vorbereitung ist die didaktische Weiche sehr zeitintensiv, in der Lehrveranstaltung selbst, ist sie sehr entlastend und teilnehmerorientiert.

2 Die Lehrveranstaltungsplanung

2.1 Um was geht's? Die Handlungskompetenz

Handlungskompetenz wird verstanden als „die Fähigkeit des Einzelnen, sich in beruflichen, gesellschaftlichen und privaten Situationen sachgerecht, durchdacht sowie individuell und sozial verantwortlich zu verhalten" (Kultusministerkonferenz 1999). Die Handlungskompetenz wird nach Erpenbeck/Heyse (2007) in vier Kompetenzbereiche unterteilt.

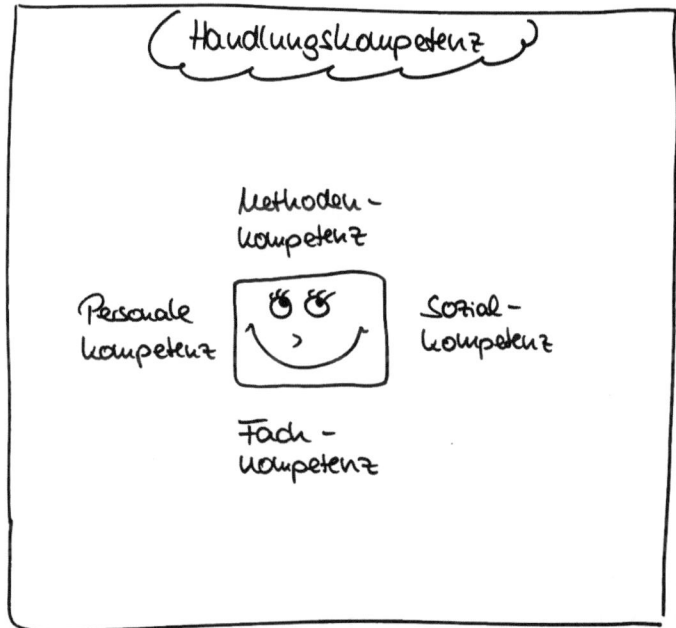

Abbildung 3:   Handlungskompetenz (vgl. Erpenbeck/Heyse 2007)

Diese vier Felder haben vor allem auch nach Bologna in der Hochschule Einzug gefunden und finden sich in den Curriculumsbeschreibungen und Studienhandbüchern wieder.

Methodenkompetenz

Eigenschaften des Einzelnen, instrumentell, selbstorganisiert zu handeln:

- methodische Kenntnisse und Fertigkeiten
- analytisches Denken
- strukturierendes Denken
- ganzheitliches Denkvermögen
- Kreativität und Innovationsfähigkeit

Fachkompetenz

Eigenschaften des Einzelnen, geistig selbstorganisiert zu handeln:

- fachliche Kenntnisse und Fertigkeiten (Fachwissen)
- Probleme lösen (Wissenstransfer)
- Wissen sinnvoll einordnen und bewerten (Denken in Zusammenhängen)
- Allgemeinwissen

Personale Kompetenz

Eigenschaften des Einzelnen, reflexiv, selbsteinschätzend zu handeln:

- individuelle Einstellungen, Motive, Selbstbilder, Vorsätze
- Bereitschaft zum Lernen, zur Leistung
- Offenheit/Flexibilität/Risikobereitschaft
- Glaubwürdigkeit

Sozialkompetenz

Eigenschaften des Einzelnen, kommunikativ und kooperativ zu handeln:

- gruppen- und beziehungsorientiertes Verhalten (Teamfähigkeit)
- Kommunikationsfähigkeit
- kreative Auseinandersetzung mit Anderen (Kooperationsfähigkeit)
- Konfliktlösungsbereitschaft/Konsensfähigkeit/Verständnisbereitschaft

2.2 Lernziele – entscheidend für die Planung und die Stoffreduktion einer Lehrveranstaltung

Zwischen dem thematischen Festlegen und dem Abgrenzen der Inhalte der Lehrveranstaltung (= fachliche Strukturierung) und dem Entscheiden über das methodische Vorgehen (= didaktische Strukturierung) liegt die Konstruktion und Formulierung von Lehr-Lernzielen.

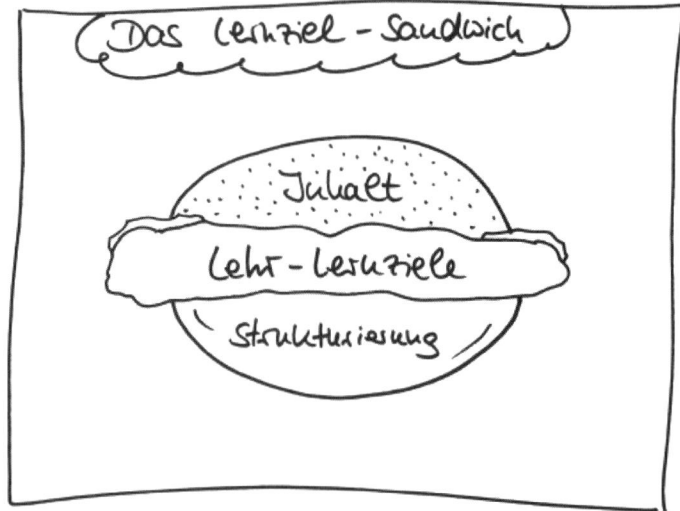

Abbildung 4: Das Lernziel-Sandwich

Das Konstruieren und Formulieren von Lehrzielen basiert auf folgender Grundannahme: Studium und Aus-Weiterbildung bezieht sich – neben der Vermittlung einer kritischen und reflexiven intellektuellen Haltung – auf ein von einer Verwendungssituation (= zukünftige Praxis der TeilnehmerInnen) herleitendes Lernbedürfnis bzw. Lernerfordernis. Es soll gar nicht alles über die Sache gelernt werden, sondern es sollen Kompetenzen und Wissen erworben werden, was für die Bewältigung der (Arbeits-)Praxis im Funktionsfeld der TeilnehmerInnen erforderlich ist. Diese Bezogenheit des Lernfeldes auf ein Funktionsfeld macht die Konstruktion von Lernzielen erforderlich. Lehr-Lernziele bezeichnen dementsprechend inhaltlich, worauf die jeweilige Lehrveranstaltung hinausläuft bzw. was in der Lehrveranstaltung erreicht werden soll.

Lehr-Lernziele helfen, Klarheit darüber zu bekommen, ob z.B. lediglich

- Überblickswissen,
- Grundkenntnisse oder
- vertiefte systematische Kenntnisse

in der jeweiligen Lehrveranstaltung angestrebt werden sollen. Bei der Betrachtung und genaueren Ausarbeitung von Lehr-Lernzielen ist vor allem folgende Unterscheidung hilfreich:

a) Lernzielbereiche
b) Abstraktionsniveau
c) Lernzielstufen

a) Lernzielbereiche des Lernens und Lehrens – Grundlage für eine Lernzielhierarchie

Folgende drei Lernbereiche lassen sich – hinsichtlich des Könnens und in Bezug auf die Lernzielfrage – unterteilen (nach Arnold/Krämer-Stürzl/Siebert 1999):

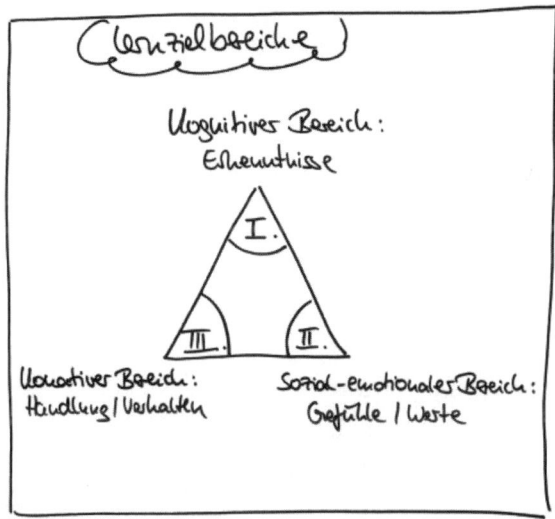

Abbildung 5:   Lernzielbereiche

Zu 1.   Kognitiver Bereich – die Erkenntnisdimension
(dominiert an den Universitäten und Hochschulen)
Folgende Stufen lassen sich nach zunehmender Komplexität
unterscheiden:

- Kennen und Verstehen
- Anwenden und Umsetzen
- Analysieren und Beurteilen

**Zu 2.   Sozial-emotionaler Bereich – die Gefühls- und
Wertedimension**
Folgende Stufen werden nach zunehmender Verinnerli-
chung unterschieden:

- Beachtung (eines Wertes)
- Reagieren (auf einen Wert)
- Werten
- Wertung (Errichtung eines Wertes)

**Zu 3.   Konativer Bereich – die Handlungs- und
Verhaltensdimension**
Verschiedene Stufen werden nach zunehmender Koordina-
tion von Bewegungsabläufen unterschieden, z.B. bestimmte
Dinge in einem bestimmten Tempo zu tun oder bestimmte
Abläufe gleichzeitig zu tun.

Zu beachten ist, dass es beim Lehren und Lernen – besonders im Hochschulkontext und in der Erwachsenenbildung
– nicht „nur" um Lernziele, sondern vor allem um Bildungs-
arbeit geht (vgl. Siebert 2006). Hierbei helfen A) Abstraktionsniveau und B) Lernzielstufen (vgl. Kapitel 3.2).

2.3 Gezielt reduzieren –
Die zwölf Schritte der Stoffreduktion

Bei der Lehrveranstaltungsplanung und -strukturierung ist
es hilfreich, entsprechenden Planungsschritten zu folgen.
Dabei hat die Stoffreduktion eine Schlüsselposition, denn

nur wenn der viele Stoff, der zum jeweiligen Themenbereich gehört, entsprechend der Zielgruppe und den Lehr-Lernzielen reduziert wird, kann eine entsprechende strukturierte Planung vorgenommen werden, die dem Lernen der TeilnehmerInnen dient.

Nach Lehner umschreibt die „didaktische Reduktion eine zentrale Aufgabe von Didaktik: nämlich die Rückführung komplexer Sachverhalte auf ihre wesentlichen Elemente, um sie für Lernende überschaubar und begreifbar zu machen" (Lehner 2009:128). Die didaktische Reduktion wird missverstanden, bezieht man sie bloß auf den Umfang der Lehrinhalte. Die didaktische Reduktion bezieht sich

- sowohl auf die quantitative Begrenzung (Fachlandkarte)
- als auch auf die qualitative Strukturierung (Prototyp)

Es ist eine Art ‚Zooming-Technik':

- von der Totalen (Fachlandkarte)
- über das Zoom (Inseln)
- zum Makro (Prototyp)

Doch wie geht man bei einer Stoffreduktion im Einzelnen vor? Dabei helfen zwölf konkrete Reduktionsschritte:

Reduktionsschritte	Mögliche Fragen, die weiterhelfen
Schaffen Sie die Grundlagen!	
1. Zielgruppe analysieren und Ausgangslage der TeilnehmerInnen klären	Wer sind Ihre TeilnehmerInnen? Welche individuellen Voraussetzungen haben sie?
2. Ausgangslage des Dozenten/der Dozentin reflektieren, d.h. die eigene fachliche Kompetenzen prüfen	Welche Vorerfahrungen haben Sie zum Thema? Welche Lehrerfahrungen haben Sie?
3. Lehr-Lernziele, Zeit und Intentionen planen und ggf. festlegen	Welche (curricularen) Vorgaben gibt es? Wie ist der Zeitrahmen? Wie ist das Zeitbudget je Thema, Inhalte?

Reduktionsschritte	Mögliche Fragen, die weiterhelfen
	Was ist inhaltlich das definierte Lehr-Lernziel? Was wollen Sie als Lehrende/r erreichen?

Orientieren Sie sich und stellen Sie Zusammenhänge her!

4.	Im Zusammenhang orientieren, Begrifflichkeiten und die eigene Lehr-perspektive klären	Was heißt „Thema X" für Sie und für andere? Was ist Ihre besondere Perspektive auf das Thema? Wer sind die beteiligten Disziplinen? Wie lautet die grobe Gliederung des Themas und der Nachbarthemen, ggf. von Parallelveranstaltungen?
5.	Das Thema abgrenzen und ausdünnen	Was gehört alles nicht zum Thema? Was bildet den Rahmen des Themas? Was lässt sich ausdünnen? Wie grenzen Sie Ihr Thema von Parallelveranstaltungen ab?

Reduzieren und strukturieren Sie Ihr Thema (= quantitative Reduktion)!

6.	Brainstorming machen und Inhalte zusammentragen	Was fällt Ihnen alles zum Thema ein? Was gibt es für Inhalte und Themen aus bereits vorhandenen Veranstaltungen, aus der Fachliteratur? Was ist Ihnen alles wichtig am Thema? Wie könnte eine Mindmap Ihres Themas aussehen?
7.	Inhalte bündeln und auf Ankerbegriffe reduzieren	Welche Inhalte lassen sich unter eine Überschrift fassen? Was sind Ihre Ankerbegriffe? Was sind eher Unterpunkte, die sog. Inseln?
8.	Zusammenhänge herstellen, das Thema strukturieren und die Fachlandkarte entwickeln	Wie stehen die Ankerbegriffe in Beziehung zueinander? Steht etwas im Zentrum? Gibt es eine „Hauptachse"? Ist etwas auf einer Ebene?

Reduktionsschritte	Mögliche Fragen, die weiterhelfen
	Gibt es eine sachlogische Reihenfolge der Themen oder hängt alles mit jedem zusammen?
9. Fachlandkarte visualisieren	Wie lassen sich die Ankerbegriffe auf einer Fachlandkarte, in einem Bild oder einer Grafik visualisieren? Welche Symbole, Bilder, Grafiken passen zu Ihren Inhalten? Welche Überschrift geben Sie Ihrer Fachlandkarte?

Schaffen Sie Detailtiefe und bündeln Sie!

10. Inseln bilden und Detailtiefe festlegen	Was sind die Unterpunkte zu Ihren Ankerbegriffen? Wie lässt sich das Thema – entlang der Ankerbegriffe – feingliedern?
11. Untergeordnete Fachlandkarten entwickeln	Welche Bilder, Grafiken, Fachlandkarten passen zu Ihren untergeordneten Inhalten? Wie lassen sich die Ideen Ihrer Fachlandkarte als roter Faden in die Detailkarten integrieren?

Konstruieren Sie einen Prototypen (= qualitative Reduktion)!

12. Prototypen entwickeln	Welcher konkrete Fall, welches Beispiel repräsentiert alle Zusammenhänge und Angerbegriffe? Welcher Prototyp kann für Ihr Thema und Ihre Gesamtaussage exemplarisch stehen?

Das war's mit der Reduktion, jetzt sind Sie „frei" und strukturiert und können auf der Basis der so eingegrenzten und reduzierten Inhalte entsprechend Ihrer Zielgruppe weitere methodisch-didaktische Entscheidungen treffen.

Damit es anschaulich wird: Ein Beispiel zu den zwölf Schritten der Stoffreduktion zum Thema „Professionelles Dozentenverhalten":

Reduktionsschritte	Mögliche Fragen – hier Antworten –, die weiterhelfen:
1. Zielgruppe und Ausgangslage der TeilnehmerInnen benennen	Lehrende mit mehr als zweijähriger Lehrerfahrung an Hochschulen und in der betrieblichen Aus- und Weiterbildung
2. Ausgangslage des Dozenten/der Dozentin bestimmen	mehr als 18-jährige Lehrerfahrung zu diesem Thema
3. Ziele, Zeit und Intentionen festlegen	Die TeilnehmerInnen kennen die Besonderheiten ihrer Rolle als Lehrende und können diese mit den Kompetenzbereichen in Einklang bringen. Die TeilnehmerInnen wollen sich auf den Paradigmenwechsel ‚vom Fachmann zum Lernenermöglicher' einlassen und diesen aktiv in ihren Lehrveranstaltungen umsetzen. Zeit: zwei zusammenhängende Tage à acht Stunden
4. Orientierungswissen, Lehrperspektiven herausarbeiten	Coaching- und Beratungsansätze, Kompetenzbiografie, Lernpsychologie, Entwicklungspsychologie, Kommunikationswissenschaften, Soziale Interaktion
5. Abgrenzung, Ausdünnung vornehmen	didaktische Methoden, Strukturierungstechniken, Umgang mit Störungen, Präsentationstechniken
6. Brainstorming durchführen	mögliche Begriffe, die im Brainstorming einfallen: Auftreten, Sitzordnung, Bühne, Atmung, Visualisierung, Medieneinsatz, Blickkontakt, Schrift, Lehrvortrag, usw.
7. Ankerbegriffe setzen	Fachkompetenz, Methodenkompetenz, Sozialkompetenz, personale Kompetenz, organisatorische Kompetenz
8. Zusammenhänge herstellen	siehe Beispiel für Fachlandkarten unten (Abb. 6)
9. Fachlandkarte entwickeln	siehe Beispiel für Fachlandkarten unten (Abb. 7)
10. Inseln bestimmen	Beispiele für Inselbegriffe zum Thema „Didaktische Kompetenz": Methoden, 20-Minuten-Regel, Mediensatz, Span-

Reduktionsschritte	Mögliche Fragen – hier Antworten –, die weiterhelfen:
	nungsbogen
11. untergeordnete Fachland-karten erstellen	hier könnte ein visualisierter Kreislauf helfen
12. Prototypen aussuchen	das eigene Lehrverhalten

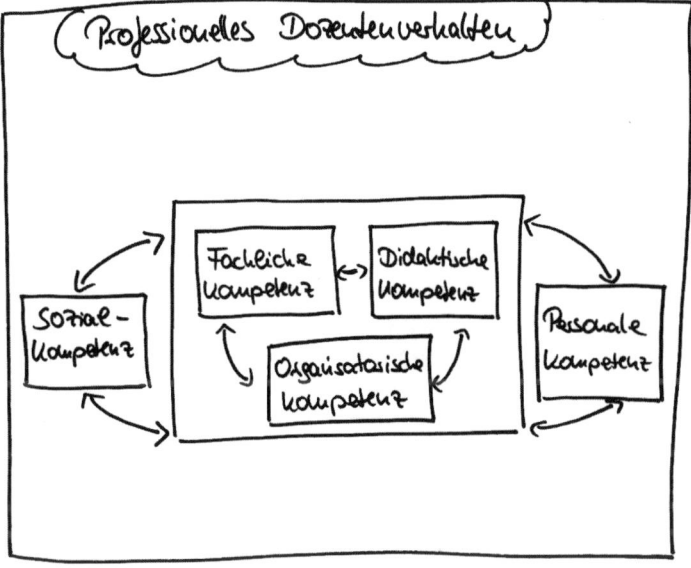

Abbildung 6: **Abstrakte Fachlandkarte – Professionelles Dozentenverhalten**

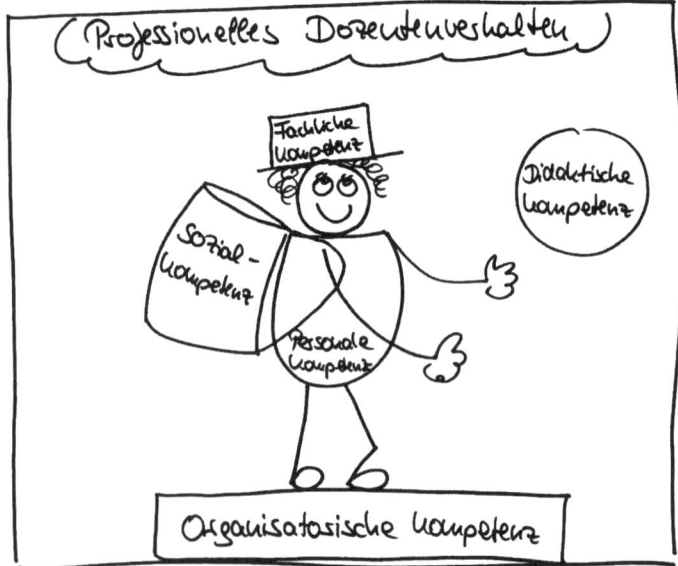

Abbildung 7:   Bildhafte Fachlandkarte – Professionelles Dozentenverhalten

Nachdem Sie alle zwölf Schritte der Stoffreduktion durchgeführt haben, können Ihnen folgende Fragen helfen, um einen Gegencheck zu machen:

- Haben Sie nicht mehr als sieben Ankerbegriffe auf Ihrer Fachlandkarte?
- Lassen sich alle Details einem Ankerbergriff unterordnen?
- Kommen KollegInnen zu ähnlichen Ankerbegriffe – beim selben Thema?
- Ist Ihre Fachlandkarte selbsterklärend? Machen Sie einen Check mit Menschen, die nicht vom Fach sind.

 Üben Sie!

Binden Sie Ihren Lehrveranstaltungsstrauß (Idee von Lehner/Fredersdorf 2003: 50ff.):

1. Was gehört alles in Ihren Garten des Wissens?
    Welche Themen und Details?
    Hüten Sie sich vor der „Vollständigkeitsfalle"!

2. Was sind Ihre ausgewählten Blumen?
    Welches sind Ihre zentralen Begriffe, Ankerbegriffe?

3. Welche Blumen pflücken Sie für Ihre Zielgruppe?
    Wie sieht Ihre Fachlandkarte aus?
    Was könnte Ihr Prototyp sein?

3 Instrumente für die Lehrpraxis

Das folgende Kapitel gibt Ihnen konkrete Tools und Techniken an die Hand, entsprechend Ihrer Lehr-Lernziele, Zielgruppe und Zeit – die drei „magischen Z" – Ihre Inhalte zu strukturieren und zu reduzieren. Dabei erwartet Sie ein Mix aus Techniken, Übungen und Checklisten. Konkret heißt das:

- Zentrale Faktoren für die Lehrpraxis: Kapitel 3.1 bis 3.3
- Die inhaltliche Planung: Kapitel 3.4 bis 3.8
- Die Fachlandkarte im Einsatz: Kapitel 3.9 bis 3.12
- Zusammenfassung/Hilfsmittel: Kapitel 3.12 bis 3.16

3.1 Für wen? Zielgruppenanalyse

Entsprechend der „Drei-Z-Formel" (vgl. Lehner/Fredersdorf 2003: 43ff.) wird auf dem Weg zur Stoffreduktion zunächst die Zielgruppe benannt, eingegrenzt und analysiert. In den beiden nächsten Schritten werden die Planungskomponenten Zeit und Ziel bearbeitet. Beim Analysieren der Zielgruppe können folgende Aspekte helfen:

- Anforderungen der TeilnehmerInnen in deren zukünftigen Lebens- und Arbeitswelt (im Falle von Studierenden: Anforderungen der TeilnehmerInnen im Studium)
- Vorgaben für Prüfungsleistungen durch die TeilnehmerInnen in der Modulbeschreibung
- Ziele, die TeilnehmerInnen mit dem Besuch der Veranstaltung verfolgen
- Erwartungen der TeilnehmerInnen an die Veranstaltung (beruflich und privat)

- Vorteile für die TeilnehmerInnen, die sie mit dem Besuch der Veranstaltung erlangen
- Abgrenzung zu Parallelveranstaltungen, die die TeilnehmerInnen (im laufenden Semester) besuchen
- Interessensspektrum und Hobbies der TeilnehmerInnen
- Alter, Geschlecht, kultureller Hintergrund der TeilnehmerInnen – Verteilung
- Leistungsfähigkeit der TeilnehmerInnen
- Vorkenntnisse der TeilnehmerInnen im spezifischen Thema
- universitäre Entwicklung der TeilnehmerInnen, Vorbildung
- Lehr-Lernerfahrung der TeilnehmerInnen, ggf. gemeinsam
- Lernstrategien der TeilnehmerInnen (Lese-, Schreibtechniken, Mindmapping etc.)
- berufliche Entwicklung der TeilnehmerInnen, Berufserfahrungen
- biografischer Hintergrund der TeilnehmerInnen, (Lern-) Sozialisation

Auch wenn die Antworten auf diese Fragen nicht immer leicht und bequem einzuholen sind, und auch nicht an jeder Stelle schlüssig in die Lehr-Lernzielformulierung integriert werden können, sie sind der erste Schritt der Stoffreduktion. Ohne Bestimmung und Analyse der Zielgruppe kann es keine Stoffreduktion geben!

 checken Sie!

Ergebnis Ihrer Zielgruppenanalyse sind Antworten auf folgende Fragen:

- Wie homogen bzw. heterogen wird Ihre Gruppe sein?
- Wie motiviert werden Ihre TeilnehmerInnen sein?
- Welche Lernerfahrungen haben Ihre TeilnehmerInnen an Ihrer Hochschule in der Regel?

- Welche – von Ihnen vermuteten – Erwartungen haben Ihre TeilnehmerInnen?
- Wie ist das Niveau, auf dem Sie mit Ihren TeilnehmerInnen ins Thema einsteigen können?

3.2 Die Lehr-Lernzielebenen – abhängig vom Allgemeinheitsgrad

> „Während Sie mit den kleinen Dingen beschäftigt sind,
> sollten Sie an die großen Dinge denken,
> damit all die kleinen Dinge die richtige Richtung nehmen."
> *(A. Toffler)*

Lehr-Lernziele finden sich in jedem Curriculum, in jeder Modulbeschreibung eines Studienganges. Häufig sind diese Beschreibungen sehr allgemein gehalten oder genau im anderen Extrem: sehr feingliedrig dargestellt. Für Lehrende ist es äußerst schwierig, die genaue Tiefung der eigenen Lehrveranstaltung festzulegen und im Gesamtrahmen des Studienganges zu verorten.

Folgende Lehr-Lernzielebenen – in Abhängigkeit vom Allgemeinheitsgrad – machen es in der Lehrveranstaltungsplanung und -vorbereitung einfacher, immer wieder die ausgewählten Inhalte abzugleichen und anzupassen und zum anderen geben diese Lehr-Lernzielebenen, wenn sie zu Beginn der Lehrveranstaltung kommuniziert werden, den TeilnehmerInnen Orientierung und Verbindlichkeit. Sie ermöglichen ein gemeinsames Arbeiten, Verfolgen und Erreichen der Lehr-Lernziele aller Beteiligten (Lehrende und Lernende). Zum Ende einer Lehrveranstaltung geben die Lehr-Lernziele darüber hinaus die Möglichkeit für Reflektion und Evaluation. Mit Blick auf das folgende Semester bzw. die nächste Lehrveranstaltungsplanung kann geprüft werden, ob die Auswahl der Inhalte und Themenschwerpunkte für genau *die* Lehrveranstaltung und *die* Zielgruppe die „Richtigen" waren.

Fein-Grob-Richtziele

Lehr-Lernziele sind in verschiedenen Graden der Abstraktion bzw. Allgemeinheit zu formulieren. Hierzu ist eine Unterscheidung in drei Ebenen hilfreich:

Richtziele

Lehr-Lernziele, die übergreifend gelten und allgemeiner Art sind (z.B. Ziel des Studiums, Rahmenlehrplan der Universität bzw. Hochschule, weitere Beispiele zu Richtzielen auf Seite 54).

Grobziele

Lehr-Lernziele zur Planung spezifischer Lehrveranstaltungen. Sie richten sich idealerweise an den Richtzielen aus. D.h. der Detaillierungsgrad der Groblernziele ist höher als der der Richtziele (z.B. für eine Vorlesung, Seminar, Übung, wobei jede Veranstaltung durch ein bis drei Groblernziele beschrieben werden sollte, weitere Beispiele zu Grobzielen auf Seite 54).

Feinziele

Lehr-Lernziele für einzelne Lehr-Lernsequenzen. Sie sind den Groblernzielen untergeordnet. Die Feinlernziele spezifizieren, präzisieren und operationalisieren die Groblernziele, während die Groblernziele die Richtziele inhaltlich konkretisieren (Beispiele zu Feinzielen auf Seite 54).

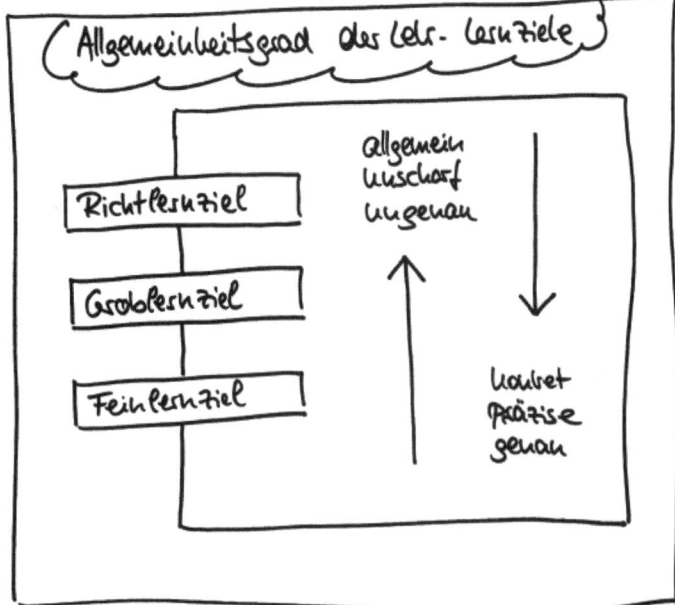

Abbildung 8:   Allgemeinheitsgrad der Lehr-Lernziele

Achtung:

Synchronisieren Sie die Lehrziele mit den Lernzielen Ihrer TeilnehmerInnen!
Feinlernziele sollten möglichst von und damit mit den TeilnehmerInnen formuliert sein.

Nicht so: DozentIn: „Die TeilnehmerInnen sollen ein Verständnis für Thema X entwickeln."

Sondern so: TeilnehmerIn: „Ich will ein Verständnis zu Theorie X entwickeln und die Theorie X benennen, unterscheiden und erklären können."

Ein Beispiel aus der Praxis eines Seminars zum Thema „Präsentation":

Richtlernziele eines Seminars

- Die Studierenden können sich in Tagungen und auf Symposien zielgruppengerecht präsentieren und zu ihren Themen Stellung beziehen.

Groblernziele einer Vier-Stunden-Veranstaltung im Rahmen des Seminars

- Die Studierenden kennen die Struktur der Überzeugungsrede.
- Die Studierenden können ihre Inhalte mithilfe dieser Struktur strukturieren.
- Die Studierenden können eine drei- bis fünfminütige Überzeugungsrede halten.

Feinlernziele

- Die Studierenden können einen motivierenden Einstieg in eine Rede gestalten.
- Die Studierenden kennen fünf bis sieben „Eye"- und „Earcatcher" und können diese zielorientiert auswählen.

 Checken Sie!

Drei Fragen helfen Ihnen, den Allgemeinheitsgrad Ihrer Lehr-Lernziele zu reflektieren und zu bestimmen:

1. Kennen Sie die Richtziele Ihrer Hochschule bzw. Ihres Rahmenlehrplanes? Wie lauten diese?
2. Enthält jede Veranstaltung max. drei Groblernziele?
3. Enthält jedes Groblernziel max. drei bis vier Feinlernziele?

 Üben Sie!

Die Metapher des Fliegens kann Ihnen beim Entwickeln Ihrer Lehr-Lernziele helfen. Versuchen Sie, in dieser Metapher zu denken und sich Ihrer Lehrveranstaltung konkret zu nähern. Denken Sie ans Fliegen!

- Nehmen Sie die „15.000 Meter-Perspektive" ein: Richtziel in der Lehre – in Curriculums- oder Modulbeschreibungen Ihrer Hochschule
- Kommen Sie näher, nehmen Sie die „9.000 Meter-Perspektive" ein: Grobziel – Ausblick auf das konkrete Semester
- Kommen Sie noch näher, nehmen Sie die „3.000 Meter-Perspektive" ein: Feinziele – die zu planende Lehrveranstaltung
- Sie sind auf der Startbahn, nehmen Sie diese Perspektive ein: Feinziel einer jeden Lehreinheit – mit der Frage: Wer ist an Bord?

Formulieren Sie alle Zielebenen für sich! Was finden Sie dazu in den Curriculums- bzw. Modulbeschreibungen Ihrer Fachrichtung bzw. Ihres Studienganges? Ergänzen Sie die Beschreibungen und Vorgaben mit Ihren persönlichen Zielen, Interessen und Forschungsschwerpunkten.

3.3 Lernziele formulieren – Wie intensiv kann gelernt werden?

„Unverständlichkeit ist noch lange kein Beweis für tiefe Gedanken."
(M. Reich-Ranicki)

Gut formulierte Lehr-Lernziele sind:

- verständlich und in angemessener Fach-Alltagssprache
- konkret und exakt

- ergebnisorientiert
- mess- und beurteilbar

Es lassen sich die Lehr-Lernziele also nach unterschiedlicher Tiefe unterscheiden. Nach der sogenannten Bloom'schen Taxonomie (Bloom 1956) gibt es insgesamt neun Stufen. In Bezug auf die konkrete Planung von Lehr-Lernprozessen in Ihrer Hochschule hilft Ihnen folgende daraus hervorgehende dreischrittige Lernzielstufung.

1. Stufe: Kennen und verstehen
2. Stufe: Anwenden und übertragen/umsetzen
3. Stufe: Analysieren und beurteilen

Dabei sind wie in Kapitel 2.2 beschrieben, die drei Lernzielbereiche zu berücksichtigen: Wissen, Können, Wollen. Im Einzelnen heißt das:

Kognitiver Bereich (Kopf) – das Wissen

- Überblick, Kenntnis, Verständnis
- Bereiche der Leistungsfähigkeit, die sich auf Erinnern und Reproduzieren eines Lernstoffes beziehen
- entscheidend für das Kombinieren von Inhalten und Ideen
- wird durch Wissensvermittlung gefördert
- Fokus: Fachkompetenz

Konativer, psychomotorischer Bereich (Hand) – das Können

- Fähigkeit, Fertigkeit, Vertrautheit
- Bereiche der Leistungsfähigkeit, die sich auf die Umsetzung des Gelernten beziehen
- stark anwendungsbezogen
- wird durch Förderung methodisch-handwerklicher Inhalte gefördert
- Fokus: Methoden, Sozial- und Fachkompetenz

Sozial-emotionaler, affektiver Bereich (Herz) – das Wollen

- Bereitschaft, Einsicht, Bewusstsein, Einstellungen, Gefühle
- Bereiche der Leistungsfähigkeit, die Gefühle, Emotionen oder ein bestimmtes Maß an Zuneigung bzw. Ablehnung erfordern
- entscheidend für den Erfolg in der Anwendung der erlernten Lerninhalte
- wird durch Vermittlung von Werten und Normen gefördert
- Fokus: personale Kompetenz

Ein Beispiel für die Lernzieltaxonomie zum Thema „Wissenschaftliches Arbeiten":

- TeilnehmerInnen kennen alle gängigen Zitationsregeln, die beim wissenschaftlichen Arbeiten anzuwenden sind.
  (= Wissen)
- TeilnehmerInnen besitzen die Fertigkeit, Zitate fehlerfrei wiederzugeben.
  (= Können)
- TeilnehmerInnen sind sich bewusst, dass Zitate sorgfältig und wahrheitsgetreu erstellt werden müssen.
  (= Wollen)

👁️‍🗨️ Checuen Sie!

Und so finden und formulieren Sie die Lehr-Lernziele für Ihre Veranstaltung:

1. Legen Sie fest, in welchem Lehr-Lernzielbereich Sie sich mit Ihrer Veranstaltung bewegen (kognitiv – konativ – sozial).
2. Grenzen Sie die drei Allgemeinheitsgrade voneinander ab (Richt-, Grob-, Feinziele).

3. Legen Sie die Intensitätsstufen Ihrer Lehr-Lernziele fest (Stufe 1: kennen und verstehen; Stufe 2: übertragen und anwenden; Stufe 3: analysieren und beurteilen).

 Üben Sie!

Formulieren Sie bitte Lehr-Lernziele für Ihre Veranstaltung. Versuchen Sie dies für alle drei Stufen:

- Wissen
- Können
- Wollen

Und nicht vergessen: Erst wenn die Lehr-Lernziele formuliert sind, kann die Stoffreduktion und -strukturierung funktionieren.

Lernzielformulierungshilfen

Beim Konkretisieren und Formulieren der Lehr-Lernziele ist eine klare, verständliche Sprache sehr nützlich. Die sog. SMART- und die OPAL-Formel kann dabei helfen. Es bleibt jedem/jeder Lehrenden selbst überlassen, sich für eine der beiden Formeln zu entscheiden und die Lehr-Lernziele entsprechend zu formulieren.

Lehr-Lernziele sind SMART

S Benennen und beschreiben Sie Ihre Lehr-Lernziele SPEZIFISCH.

M Beschreiben Sie MESSBARE Größen für Ihre Lehr-Lernziele.

A Formulieren Sie Ihre Lehr-Lernziele AKTIV.

R Formulieren Sie Ihre Lehr-Lernziele REALISTISCH.

T TERMINIEREN Sie Ihre Lehr-Lernziele.

Ein SMARTES Beispiel zum Thema „Gedächtnistraining":

Meine TeilnehmerInnen kennen bis zur vierten Semesterwoche sieben Gedächtnistechniken und können davon drei Techniken konkret beim Lernen von Vokabeln anwenden. Mit diesen drei Techniken können Sie 35 Vokabeln pro Stunde lernen.

 Checken Sie!

Nachdem Sie Ihre Lehrziele formuliert haben, überprüfen Sie diese mithilfe der folgenden Fragen:

1. Ist mein Lehrziel spezifisch, konkret?
2. Ist mein Lehrziel messbar, woran können Sie es messen? Wie messen Sie das Erreichen des Lehrziels?
3. Ist mein Lehrziel aktiv formuliert?
4. Ist mein Lehrziel realistisch? Können Sie es selbst erreichen? Hatten Sie bereits Gruppen, mit denen Sie das Lehrziel erreicht haben?
5. Ist mein Lehrziel terminiert, gibt es eine Frist?

Wann immer Sie eine der Fragen mit Nein beantworten, überlegen Sie, wie Sie Ihr Lehrziel noch greifbarer formulieren können. Die richtige Lehrzielformulierung ist der erste Schritt in die Umsetzung auf dem Weg zum Erreichen des Lehrziels!

 Üben Sie!

Formulieren Sie ein Lehrziel mithilfe der SMART-Formel und beschreiben Sie genau die fünf Aspekte:
Das Spezifische an meinem Lehrziel ist …
Das Messbare an meinem Lehrziel ist …
Das Aktive an meinem Lehrziel ist …
Das Realistische an meinem Lehrziel ist …

Das Terminierbare an meinem Lehrziel ist …

Lehr-Lernziele sind OPAL

O   Ist mein Lehr-Lernziel OPERATIONAL?
P   Ist mein Lehr-Lernziel PHASENGERECHT?
A   Ist mein Lehr-Lernziel ANSPRUCHSVOLL?
L   Ist mein Lehr-Lernziel LÖSUNGSNEUTRAL?

Ein OPALes Beispiel zum Thema „Zeitmanagement":

Meine TeilnehmerInnen können ihr Prüfungssemester mithilfe von MS-Outlook so planen, dass Sie sowohl in Balance studieren, als auch am sozialen Leben mit Freunden und Familie teilnehmen können. Sie berücksichtigen bei Ihrer Planung, die in der Reflektionsphase gewonnenen Erkenntnisse im Umgang mit Unvorhersehbarem und der Technik der Zeitfenster. Die TeilnehmerInnen haben pro Woche drei feste Studien- und zwei feste private Termine mit einem maximalen Volumen von fünf Stunden (für Studienzwecke) und drei Stunden für private Zwecke.

 Checken Sie!

Nachdem Sie die Lehrziele formuliert haben, überprüfen Sie diese mit den folgenden Fragen:

1.   Ist mein Lehrziel operational, d.h. verständlich, klar, erreichbar und eindeutig beurteilbar?
2.   Ist mein Lehrziel phasengerecht, d.h. lernstufenadäquat?
3.   Ist mein Lehrziel anspruchsvoll, d.h. herausfordernd?
4.   Ist mein Lehrziel lösungsneutral, d.h. die Lösung nicht vorwegnehmend?

 Üben Sie!

Veredeln Sie Ihre Lehrziele und machen Sie aus Ihren Zielen OPALe Lehrziele!

Das Operationale an meinem Lehrziel ist ...
Das Phasengerechte an meinem Lehrziel ist ...
Das Anspruchsvolle an meinem Lehrziel ist ...
Das Lösungsneutrale an meinem Lehrziel ist ...

3.4 Stoffreduktionstechniken zur effektiven Vorbereitung – Arbeitstechniken

Jede/r Lehrende kennt das aus der Vorbereitung am Schreibtisch oder am Stehpult: das geistige Arbeiten, das Sichverlieren in Themen, das Entdecken von neuen Inhalten, das Ansammeln von immer mehr unstrukturierten, interessanten Informationen etc.

Lassen Sie sich auf das Risiko des Lernens ein und seien Sie selbst stets Lernender (vgl. Meyer-Drawa 1986). Für ein optimales Erarbeiten von Themen helfen die Stoffreduktions- und -strukturierungstechniken (vgl. auch Döring/ Ritter-Mamczek 2001). Sie ermöglichen ein effektives Vorankommen und die tiefe gedankliche Durchdringung des zu erarbeitenden Stoffes, des vorliegenden Themas oder Problems, der auszuarbeitenden Lehrveranstaltung usw. Dabei sind vier grundlegende Schritte wichtig, die nacheinander vollzogen werden sollten:

1. Schritt: Entwickeln der Ankerbegriffe

Das bedeutet die Suche nach Oberbegriffen, nach denen man ein Sachgebiet, ein bestimmtes Thema oder Problem, eine Aufgabe, einen Text, eine Aussage usw. gliedern oder strukturieren kann.

2. Schritt: Entwickeln einer Fachlandkarte

Das bedeutet das Herstellen einer Visualisierung, einer Strukturzeichnung, in der sämtliche Ankerbegriffe in ihrer

Beziehung zueinander dargestellt sind. Dabei ist darauf zu achten, dass die Zeichnung widerspiegelt, was wichtig und was unwichtig, was Besonderes und was weniger Besonderes an einem Ankerbegriff ist. Das heißt, die Fachlandkarte gibt in einer Art systematischem Netzwerk wieder, wie ein Thema bzw. Sachverhalt usw. beschaffen ist. Die Fachlandkarte liefert eine thematische Durchdringung in visualisierter Form (siehe als Beispiele Abb. 6 und 7 in Kapitel 2.3).

3. Schritt: Entwickeln von Detailfragen

Das bedeutet das Suchen und Entwickeln von Details und Besonderheiten zu jedem Fachbegriff. Diese Details sind zum tiefen Verständnis des Themas unverzichtbar. Diese Detaillierungen können in Begriffslisten, prägnanten Aussagen, Modellen oder auch untergeordneten Fachlandkarten münden.

4. Schritt: Entwickeln eines – oder mehrerer – Prototypen

Das bedeutet das Bilden und Konstruieren von Fällen und Beispielen. Erst der Prototyp schafft die völlige Durchdringung und Strukturierung eines Themas bzw. Sachverhaltes. Der Prototyp deckt die in der Fachlandkarte genannten Ankerbegriffe komplett ab und spezifiziert bzw. konkretisiert diese (siehe auch Kapitel 3.12).

 Checken Sie!

Beim selbstständigen inhaltlichen Erarbeiten Ihres Themas zur Vorbereitung Ihrer Lehrveranstaltung können Ihnen die folgenden vier Fragen zur Reflektion helfen:

1. Sind Ihre Ankerbegriffe allgemeingültig und können diese auch von „Fachfremden" verstanden werden?
2. Gibt Ihre Fachlandkarte den Zusammenhang und die inhaltlichen Bezüge wieder?

3. Sind die Ankerbegriffe mit Details unterlegt, die inhaltlich in die Tiefe gehen?
4. Steht der Prototyp exemplarisch für alle auf der Fachlandkarte verankerten Themenschwerpunkte?

 üben Sie !

Integrieren Sie diese vier Schritte in Ihren wissenschaftlichen Alltag. Entwickeln Sie Fachlandkarten beim Lesen von Texten, suchen Sie Prototypen beim Durchdringen von abstrakten Abhandlungen. Die Welt ist voll von Fachlandkarten und Prototypen. Halten Sie die Augen auf! Experimentieren Sie!

3.5 Stoffreduktionstechniken in der Lehrveranstaltung – Lehrtechniken

„In der didaktischen Reduktion muss die Vermittlung zwischen der Sachstruktur der Fachinhalte und der Lernstruktur der [TeilnehmerInnen] angestrebt werden." (Jank/Meyer 2002:81) Aus diesem Grunde geht es auch auf der inhaltlichen Ebene in den einzelnen Lehrveranstaltungen um Reduktion und das flexible Halten des roten Fadens und der erarbeiteten Strukturen – egal wie sich das Lehr-Lerngeschehen in der Praxis darstellt. Um bei Fragen und Wünschen der TeilnehmerInnen flexibel reagieren zu können ist ein breites Repertoire an didaktischen Methoden und Techniken nötig. Voraussetzung hierfür ist die zuvor erarbeitete und entwickelte Fachlandkarte, samt Inseln und Prototypen.

Hier ein kleiner Einblick in ein mögliches didaktisches Methodenrepertoire zur Stoffreduktion, die Sie – zusätzlich und *nicht* alternativ – in der Lehrveranstaltung und mit den TeilnehmerInnen vornehmen können. Die Methoden dienen allesamt dazu, neben dem Erarbeiten, Vermitteln und Trainieren von Inhalten, auf die Vielfalt und die Heterogenität in den Wissensständen der Studierenden eingehen zu können. Sie schaffen Raum, für flexible und dennoch ganzheitliche Lehr-Lernangebote.

- Arbeitsteilige Gruppenarbeit
- Aufstellung nach Interessen, Erfahrungen
- Erfahrungsabfrage
- Erwartungsabfrage
- Expertengespräch
- Fallbearbeitung
- Glückstopf
- Ideenlauf
- Lernbuffet
- Lernspaziergang
- Lerntempoduett
- Projektarbeit
- Punktabfrage
- Quiz
- Themengruppen

Arbeitsteilige Gruppenarbeit

Warum:
Umgang mit unterschiedlichem Interesse oder Wissensständen

Wann:
Phase der Stoffvermittlung

Wie:
TeilnehmerInnen erarbeiten in verschiedenen Teams unterschiedliche Themen oder Facetten eines Themas und tragen diese im Anschluss ins Plenum, in eine Diskussion oder in wachsende Arbeitsgruppen.

Aufstellung nach Interessen, Erfahrungen

Warum:
Abfrage der Interessen/Erfahrungen
Fokussierung auf die noch „leeren" Wissensgebiete

Wann:
In der Motivationsphase, vor der Phase der Stoffvermittlung

Wie:
TeilnehmerInnen stellen sich in mehreren Runden – entweder entlang eines Zollstocks oder einer virtuellen Wissenskarte – im Seminarraum auf, entsprechend ihrer
– Interessen
– Erfahrungen
– Erwartungen
– Befürchtungen
– Wünsche
– etc.

Im Anschluss leitet der Dozent/die Dozentin entsprechend der Aufstellung – gemeinsam mit den TeilnehmerInnen – die Themen der Veranstaltung ab.

Erfahrungsabfrage

Warum:
Integration und Wertschätzung der Erfahrungen
Fokussierungen auf die „noch leeren" Wissensgebiete

Wann:
In der Motivationsphase, vor der Phase der Stoffvermittlung

Wie:
TeilnehmerInnen gestalten gemeinsam ein Plakat oder eine Collage zu ihren bisher gemachten Erfahrungen mit dem Thema. Dabei fokussieren sie besonders auf die Fragen:
– Was lief bisher besonders gut mit dem Thema?
– Was könnte besser laufen?
– Was macht Ihnen besonders Freude am Thema?
– Was macht Ihnen weniger Freude?

Im Anschluss wählt der Dozent/die Dozentin entsprechend der Plakate und Ergebnisse – gemeinsam mit den TeilnehmerInnen – die Themen der Veranstaltung aus.

Erwartungsabfrage

Warum:
Integration und Wertschätzung der Erwartungen
Fokussierungen auf die Wünsche und Interessen der TeilnehmerInnen, Motivation

Wann:
In der Motivationsphase, vor der Phase der Stoffvermittlung

Wie:
TeilnehmerInnen gestalten gemeinsam eine Wandzeitung zu ihren Erwartungen, Wünschen, Befürchtungen zum Thema. Dabei fokussieren sie besonders auf die Ankerbegriffe, die zuvor in der Fachlandkarte präsentiert wurden.

Im Anschluss leitet der Dozent/die Dozentin entsprechend der Plakate und Ergebnisse – gemeinsam mit den TeilnehmerInnen – die Themen der Veranstaltung ab.

Expertengespräch

Warum:
Umgang mit unterschiedlichem Interesse oder Wissensständen

Wann:
Phase der Stoffvermittlung

Wie:
Für das Expertengespräch haben sich die TeilnehmerInnen in verschiedenen Teams als Experten eines Themas vorbereitet. In der anschließenden Diskussion vertreten sie ihr Thema und bringen es in die Expertendiskussion ein. Dabei können kontroverse Themen genauso diskutiert werden wie verschiedene wissenschaftliche Perspektiven eines Fachthemas.

Fallbearbeitung

Warum:
Umgang mit unterschiedlichen Interessen, Wissensständen oder Praxisbezügen

Wann:
Phase der Stoffvermittlung

Wie:
TeilnehmerInnen arbeiten in verschiedenen Teams an unterschiedlichen (Praxis-)fällen und lösen diese mit entsprechenden Leitfragen bzw. Aufgaben. Im Anschluss präsentieren die TeilnehmerInnen diese im Plenum, oder in einer Diskussion oder in wachsenden Arbeitsgruppen.

Glückstopf

Warum:
Alle TeilnehmerInnen mit ihren spezifischen Wissensständen einbeziehen und Lernangebote machen

Wann:
Zu Beginn einer Lehrveranstaltung, zwischendurch

Wie:
Die TeilnehmerInnen arbeiten in Teams mit drei bis fünf Personen. Jede Kleingruppe notiert auf den Karten Begriffe, die im behandelten Stoff als wesentlich erachtet werden.

Die Karten werden in einen Behälter gelegt und an eine andere Gruppe weitergegeben. Diese Gruppe zieht jeweils eine Karte aus dem Behälter und versucht, den Begriff in der Gruppe zu klären.

Anschließend werden offene Fragen im Plenum diskutiert. Gegebenenfalls kann für jeden Begriff eine Erläuterung an einer Glossarwand schriftlich festgehalten werden.

Ideenlauf

Warum:
Umgang mit unterschiedlichen Interessen, Wissensständen oder Wünschen
Einbringen der Erfahrungen der Studierenden

Wann:
Phase der Stoffvermittlung/-verarbeitung

Wie:
TeilnehmerInnen erarbeiten in einem Ideenlauf verschiedenen Themen oder verschiedene Aspekte eines Themas. Dazu werden Plakate mit Fragen/Themen vorbereitet und im Seminarraum/Hörsaal ausgehängt. Die gesamte Gruppe hat nun die Aufgabe, durch den Raum „zu spazieren" und ihre Gedanken, Ihr Wissen, Ihre Erfahrungen an die Wände zu bringen.

Im Anschluss bündeln „Interessengruppen" die Ideen der Gesamtgruppe und präsentieren sie im Plenum.

Zur Auswertung folgt eine moderierte Diskussion durch den Lehrenden/die Lehrende.

Lernbuffet

Warum:
Umgang mit unterschiedlichem Interesse oder Wissensständen

Wann:
Phase der Stoffvermittlung

Wie:
Ein Lernbuffet ist bereitet, entweder durch vorherige Gruppenarbeit und Thementische der TeilnehmerInnen oder durch den Dozenten/die Dozentin. Sobald das Lernbuffet eröffnet ist, bedient sich jeder/jede TeilnehmerIn an den Themen und Inhalten, die ihm noch fehlen, die ihn/sie interessieren oder die anderweitig eine besondere Aufmerksamkeit verdienen.

Nach dem Buffet gibt es eine Lernwand, an der Praxis- und Transferfragen bearbeitet und beantwortet werden.

Lernspaziergang

Warum:
Umgang mit unterschiedlichem Interesse oder Wissensständen

Wann:
Phase der Stoffvermittlung

Wie:
TeilnehmerInnen suchen sich „gegensätzliche" LernpartnerInnen, d.h. TeilnehmerInnen, die in einem anderen Thema, Kontext kompetent sind. Mit diesen machen sie einen Lernspaziergang zu einer zuvor konkret formulierten Aufgabenstellung oder Reflektionsfrage.

Lerntempoduett

Warum:
Stoffvermittlung und -erarbeitung im Tempo der TeilnehmerInnen

Wann:
In allen Phasen der Stoffvermittlung

Wie:
Die Gruppe wird in der Mitte geteilt. Die eine Hälfte bekommt einen Text A, die andere Hälfte bekommt einen Text B zum Lesen. Alle lesen ihren jeweiligen Text und machen sich dazu Notizen. Ihre Aufgabe ist es, den Text anschließend der anderen Gruppe zu erklären.

Wer mit dem Lesen fertig ist, hält Ausschau nach einem Gruppenmitglied der anderen Gruppe, welches auch mit dem Lesen fertig ist. Die beiden erklären sich nun gegenseitig ihre Texte A und B. Anschließend tauschen sie die Texte aus und lesen sie. Weitere Fragen werden in der Partnerarbeit geklärt und anschließend im Plenum diskutiert und zusammengefasst.

Projektarbeit

Warum:
Stoffvermittlung/-erarbeitung an den Praxisthemen und im Tempo
der TeilnehmerInnen

Wann:
In allen Phasen der Stoffvermittlung

Wie:
Die TeilnehmerInnen lernen in der Lehrveranstaltung in Projektform.
Dazu werden Praxisthemen vorgestellt, Projektteams gebildet und
alle Phasen des „klassischen" Projektmanagements durchlebt. Die
Lehrperson ist WissensgeberIn und ProjektbegleiterIn. Fachthemen
werden im Laufe der Veranstaltung eingestreut und bereitgestellt
(live oder online, alles ist möglich). In gemeinsam festgelegten Re-
flexionsschleifen und Meilensteinen werden die Zwischenergebnis-
se präsentiert, diskutiert und die nächsten Schritte festgelegt. Die
Studierenden arbeiten besonders selbstverantwortlich und praxisnah.

Punktabfrage

Warum:
Schnelle, demokratische Themenauswahl

Wann:
In der Motivationsphase, vor der Stoffvermittlung

Wie:
Die Themen der Veranstaltung werden vom Dozenten/der Dozentin
präsentiert oder in der Gruppe gesammelt. Im Anschluss bekommt
jeder/jede TeilnehmerIn eine bestimmte Anzahl von Klebepunkten
und kann die Themen auswählen, die ihn/sie besonders interessieren. Im Anschluss ist sehr klar und transparent entschieden, welche
Themen in der Veranstaltung behandelt werden.

Quiz

Warum:
Stoffvermittlung und Wiederholung, dem Wissenstand der TeilnehmerInnen angepasst

Wann:
In allen Phasen der Stoffvermittlung/-verarbeitung und des Trans-
fers

Wie:
An einer Pinnwand oder mithilfe eines anderen Mediums (z.B. MS
PowerPoint) werden Fachfragen vorbereitet. Diese werden auf Zuruf,
wie in einer Fernsehshow, von den TeilnehmerInnen beantwortet.

Es hängt von der Spielfreude des Lehrenden ab, inwieweit dies als
„echte" Spielshow entwickelt oder sachlich erarbeitet wird.

So oder so, das Quiz lädt ein, bei den Fragen zu verweilen, bei denen den TeilnehmerInnen die Antworten schwerfallen, und bei den
Fragen flott weiterzugehen, bei denen die Antworten zügig und
punktgenau kommen.

Themengruppen

Warum:
Stoffvermittlung und -erarbeitung entsprechend der Interessen der
TeilnehmerInnen

Wann:
In allen Phasen der Stoffvermittlung

Wie:
Jede TeilnehmerIn hat die Aufgabe, in mindestens einer Experten-
gruppe mitzuarbeiten und das Fachthema für die Gesamtgruppe
aufzubereiten. Dem Variantenreichtum und der Vielfalt der Möglichkeiten sind keine Grenzen gesetzt. Dadurch kann sich die Lehrperson beim Präsentieren der Inhalte reduzieren und den Variantenreichtum des Themas und der Methoden als Angebot in die Themengruppen geben.

Diese didaktischen Methoden helfen, flexibel und reduziert
in der Lehrveranstaltung vorzugehen. Sie sind das Hand-
werkzeug für die didaktische Weiche. Selbstverständlich

sind die zuvor dargestellten Schritte der Stoffreduktion Voraussetzung für den Einsatz dieser didaktischen Methoden.

 **checken Sie!**

Bitte beantworten Sie für sich die folgenden Fragen:

1. Welche didaktische Weiche haben Sie in Ihre Lehrveranstaltung eingeplant?
2. Welche Methoden können Ihnen in der Lehrpraxis helfen, flexibel den Stoff zu reduzieren und dennoch den roten Faden zu halten?

 **üben Sie!**

Planen Sie eine methodische Alternative für die nächste Lehrveranstaltung ein. Reflektieren Sie dazu im Vorfeld die beiden Fragen:

1. Was könnte z.B. einen Lehrvortrag ersetzen, wenn die TeilnehmerInnen schon mehr Vorwissen als erwartet haben?
2. Was könnte z.B. eine Transferübung ersetzen, wenn die TeilnehmerInnen weniger Vorwissen als erwartet haben?

3.6 Der Kompass – Das Orientierungswissen

Um eine Systematik des Stoffes herzustellen, hilft es, sich zu orientieren und das Wissensgebiet abzustecken und „neu" zu erkunden.

„Orientierungswissen ist Wissen, das jemand erwirbt, um sich in der Welt bzw. auf einem Gebiet zurechtzufinden, ohne schon in spezifischer Weise tätig zu werden. Wer Orientierungswissen hat, weiß mehr oder weniger, dass es den betreffenden Sachverhalt gibt, er weiß aber nicht unbedingt, etwas damit anzufangen. Orientierungswissen motiviert Wahrnehmung und Aufmerksamkeit. Es gibt einen ersten Überblick über das Gebiet und seinen Kontext." (Meder 2000 und Ehlers/Gerteis/Holmer 2003)

Das Orientierungswissen liefert eine erste Orientierung über den Inhalt eines Themas, ohne dieses ausführlicher zu behandeln. Es wird auch als „Know what" bezeichnet und zählt zu einem der vier Unterpunkte der Wissensarten.

Die vier Wissensarten sind (nach Kaiser 2005):

1. situatives Wissen
   Konkretes, Erlebtes, facettenreich, emotionsverbunden
2. deklaratives Wissen
   Begriffe, Beziehungen zwischen Dingen, Regeln, Definitionen
3. prozedurales Wissen
   Handlungsabläufe, Routine, Wenn-dann-Regeln
4. sensomotorisches Wissen
   Abläufe mit Rückkopplung, Systeme

Das Orientierungswissen zählt zum deklarativen Wissen und beinhaltet u.a.:

- Historie
- Szenario
- hypothetische Situation
- Geschichte
- virtuelle Welt
- Fakten
- Zusammenfassungen
- Überblicke

In der Stoffreduktion bildet das Orientierungswissen den Rahmen der inhaltlichen Auseinandersetzung, frei nach dem Motto: „Die Welt, in der wir denken". Orientierungswissen ist für die Lernenden unerlässlich, denn es hilft ihnen, sich in der Fülle des neu erworbenen Wissens zu orientieren. Ohne diese Orientierung verlieren sich Lernende leicht in der Menge des neuen Wissens. Daher ist es die Aufgabe von Lehrenden, Orientierungswissen für die Studierenden bereitzustellen, und zwar nicht nur zu Beginn einer Lehr-Lerneinheit, sondern immer wieder, um den Studierenden zu helfen, das jeweils neue Wissen in die vorhandene Struktur zu integrieren.

 Üben Sie!

Bitte notieren Sie sich spontan – und ohne weiteres Nachdenken – fünf Fakten, Theorien bzw. historische Ereignisse, die Ihrem Lehrveranstaltungsthema die Orientierung geben.

3.7 Inhalte auswählen

> „Der Stoff wird vom Ziel bestimmt.“
> *(L. Klingenberg)*

Nachdem die Lehr-Lernziele bestimmt sind und die Orientierung gegeben ist, werden, den zwölf Schritten der Stoffreduktionstechniken folgend (vgl. Kap. 2.3), die Inhalte ausgewählt. Die Aspekte in Abbildung 9 können beim Vorbereiten einer handlungs- und erfahrungsbezogenen Lehrveranstaltung helfen, die richtigen Lehr-Lerninhalte auszuwählen (vgl. Klafki in Arnold/Krämer-Stürzl/Siebert 1999).

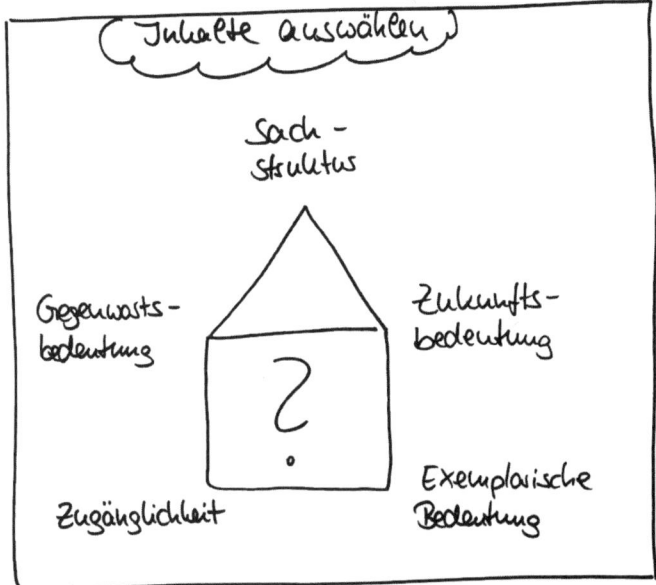

Abbildung 9:   Inhalte auswählen

- **Inhalte mit Bedeutung in der Gegenwart:**
  Welche Bedeutung hat dieser Inhalt bereits im Leben der
  TeilnehmerInnen?
- **Inhalte mit Bedeutung in der Zukunft:**
  Worin liegt die Bedeutung des Themas für die Zukunft der
  TeilnehmerInnen?
- **Inhalte mit einer sachlichen Struktur:**
  Welche Struktur (übergreifender Zusammenhang) hat der
  durch die Gegenwarts- und Zukunftsbedeutung in die
  spezifisch „pädagogische" Sicht gerückte Inhalt? (Fach-
  landkarte)
- **Inhalte, die zugänglich sind:**
  Welche konkreten Fälle, Phänomene, Versuche usw. ma-
  chen die Struktur des Inhalts interessant, begreiflich, an-
  schaulich? (Prototyp)

- **Inhalte, die eine exemplarische Bedeutung haben:**
  Welchen allgemeinen Sachverhalt, welches allgemeine
  Problem erschließt der betreffende Inhalt?

Die Beantwortung der Fragen hilft, aus den vielen möglichen – und auch interessanten – Lehrinhalten die für die
TeilnehmerInnen „passenden" Inhalte auszuwählen. Und
nicht vergessen: Nur darum geht es!

Arnold (2007) spitzt diese Auswahlkriterien zu. Danach
sollten Inhalte ausgewählt werden, die

- ins kognitive System der TeilnehmerInnen passen, d.h. das,
  was sinnvoll und brauchbar erscheint, lehren
  Hier liegt eine große Aufgabe für Lehrende, das Sinnvolle
  und Brauchbare durch ausgewählte Prototypen zu verdeutlichen.
- anschlussfähig sind, d.h. das, was sich an vorhandene Erfahrungen und Wissensbestände anknüpfen lässt, vermitteln
  Hier ist die Aufgabe für Lehrende, Bezüge herzustellen
  und Brücken zu schlagen, aber dies setzt voraus, nach den
  Erfahrungen und Wissensbeständen der TeilnehmerInnen
  zu fragen (oder sich zumindest darüber Gedanken zu machen, wenn eine Befragung aufgrund der großen Menge
  der Studierenden nicht möglich ist).
- die TeilnehmerInnen selbst ausgewählt haben, d.h. TeilnehmerInnen über Inhalte entscheiden lassen
  Hier ist die Aufgabe des Lehrenden, aus Lehrzielen Lernziele zu machen und darüber die TeilnehmerInnen inhaltlich einzubinden.
- die ausgewogen sind, d.h. die in Balance stehen
  Für Lehrende ist es hier die Aufgabe, eine gute Balance
  zwischen den verschiedenen Kompetenzbereichen herzustellen (vgl. auch Schulz 1981).

Neben diesen vor allem an den Bedürfnissen der Studierenden und der Lebens- und Arbeitswelt orientierten Auswahlkriterien der Inhalte hat jeder/jede Lehrende mit seinem/

ihrem Erfahrungsschatz und seinem/ihrem Hintergrundwissen einen maßgeblichen „subjektiven" Anteil an der
Auswahl der Inhalte. Folgende Fragen können in der Reflektion helfen, sich seiner „subjektiven" Perspektive bewusst zu
werden, diese an der einen oder anderen Stelle durchblitzen
zu lassen und im Kontext des Gesamtzusammenhangs einzubinden bzw. auszugrenzen:

- Was haben Sie als Lehrende/r selbst für Praxiserfahrun-
  gen? In welchen Kontexten waren und sind Sie unterwegs?
- Mit welchen Nachbardisziplinen arbeiten Sie persönlich
  besonders gern zusammen?
- Welche Themen Ihres Faches interessieren Sie gar nicht?
  Welche inhaltlichen Aspekte sind für Sie „ein notwendiges
  Übel"?
- Wenn Sie nicht in dem Forschungsschwerpunkt, in dem
  Sie Ihre Lehrveranstaltung planen, unterwegs wären, was
  wäre Ihre Wunschdisziplin, Ihr Wunschthema?
- In welchen Projekten haben Sie Besonderes geleistet? Wann
  und wobei konnten Sie Erfolge feiern und genießen?
- In welchen Projekten und Aufgaben gab es Misserfolge,
  und worüber möchten Sie besser schweigen?
- Auf welche Tätigkeiten in Ihrer beruflichen Karriere blik-
  ken Sie mit Freude und Stolz? Was sind Ihre „Alleinstel-
  lungsmerkmale"?
- Was sagen andere über Sie, Ihre Arbeitsschwerpunkte und
  Forschungsinhalte? Was verschafft Ihnen Ansehen, womit
  werden Sie in der wissenschaftlichen Welt zitiert?
- Wenn Sie auf Ihre Berufstätigkeit, Ihre Erfahrungen in der
  Forschung, beim Lehren und Lernen zurückblicken… Was
  ist Ihnen im Nachhinein geradezu peinlich, bzw. was wür-
  den Sie heute nicht mehr tun, lehren und/oder präsentieren?
- Welche Literatur interessiert Sie besonders? Die Grundla-
  genliteratur, gerade auch, wenn sie sich über Jahre bewährt
  hat und in immer neuen Auflagen erscheint? Oder die
  neuen Veröffentlichungen und Forschungsergebnisse, die

zeigen, dass Ihre Fachdisziplin lebt und heute intensiv diskutiert und wissenschaftlich verhandelt wird?

- Welcher Lehrtyp sind Sie? Interessieren Sie selbst mehr
  Handlungsanweisungen und Checklisten als wissenschaftliche, abstrakt-theoretische Abhandlungen? Welche Inhalte
  sind es, die Ihrem Lehrtyp besonders nahe kommen?
- Welche Inhalte waren es, die Ihnen im Studium besonders
  viele Ideen für die spätere Berufspraxis mit auf den Weg
  gegeben haben?
- Welche Studieninhalte sind es, die Sie als Lernender über-
  flüssig und auch als Lehrender für quasi „nutzlos" erach-
  ten?

In der Reflektion der eigenen Erfahrungen kristallisieren
sich Inhalte und Aspekte des Themas heraus, auf die Sie mit
einer sachlogischen Inhaltsanalyse nicht gestoßen wären. Es
sind die Aspekte des Inhalts, die die Besonderheit Ihrer Erfahrungen und damit auch Ihrer Lehre ausmachen. Blicken
Sie immer mal wieder emotional auf Ihr Thema und die
Auswahl Ihrer Inhalte. Auch die beste Inhaltsauswahl ist
nur scheinbar objektiv, liegt es doch weiterhin im Auge des
Betrachters/der Betrachterin – also Ihres Auges – aus der
Fülle der Themen die Inhalte auszuwählen und in der Lehrveranstaltung anzubieten, die aufgrund der eigenen Erfahrung und der Fachkenntnisse Sinn machen. Stehen Sie zu Ihrer Auswahl der Inhalte und Ihrem Themenangebot, ver-
kaufen Sie sie nicht als objektive Wahrheit, sondern als ein
Angebot. Ein Angebot zwischen den großen Theorien und
Ihren praktischen Erfahrungen!

(?) Checken Sie!

Überprüfen Sie die von Ihnen ausgewählten Beispiele und
Praxisfälle: Haben Sie eine Gegenwarts- und Zukunftsbedeutung für Ihre TeilnehmerInnen? Ist deren Struktur klar
und sachlich? Sind die dahinterliegenden Erkenntnisse und
Inhalte zugänglich und exemplarisch?

Falls nicht, suchen Sie weiter!

 üben Sie!

Nehmen Sie eines Ihrer abstrakten Lehrthemen und suchen Sie Praxisfälle bzw. Aufgaben, die

- ins kognitive System der TeilnehmerInnen passen
- an deren Vorerfahrungen und Wissen anschlussfähig sind
- die TeilnehmerInnen in einer vorherigen Lehrveranstaltung selbst ausgewählt haben
- die zwischen den verschiedenen Kompetenzbereichen gut ausgewogen sind

3.8 Die Frage: Was muss, soll, kann ich lehren?

Abbildung 10: Entscheiden Sie sich!

Die Unterteilung der Inhalte und des Lehr-Lernstoffes entsprechend ihrer Bedeutsamkeit in „Muss", „Soll", „Kann" ist eine sehr einfache und praktikable Möglichkeit für die Vorbereitung und Durchführung von Lehrveranstaltungen (vgl. Birkholz 2001:100f).

Muss: Die sogenannten Basiskenntnisse, also die Inhalte, die die TeilnehmerInnen nach der Lehrveranstaltung in jedem Fall – unbedingt – wissen müssen. Diese Inhalte haben absoluten Vorrang beim Lehren (entsprechend der formulierten Lehr-Lernziele).
Faustregel: Nach Möglichkeit nicht mehr als fünf bis sieben „Muss-Inhalte" einplanen.

Soll: Die Inhalte zur Abrundung des Basiswissens sind die "Soll-Inhalte". Diese sollen die TeilnehmerInnen zusätzlich lernen, sie sind nicht zwingend für das Verstehen der Thematik notwendig, helfen jedoch für ein tiefergehendes Verständnis.

Kann: Die dritte Bedeutungsstufe beschreibt in der Regel Inhalte, die als Hintergrundwissen für die TeilnehmerInnen interessant sein können. Diese werden nicht aktiv in die Lehrveranstaltung eingeplant, sondern können bei spezifischen Fragen bzw. Diskussionen genannt bzw. vertieft werden.

(?) Checken Sie!

Nachdem Sie Ihre Inhalte in Muss – Soll – Kann eingeteilt haben, machen Sie eine Gegenprobe: Konzentrieren Sie sich auf das Wesentliche (vgl. Lehner 2006: 59f).

Muss: Können Sie diese Inhalte innerhalb von 15 Minuten auf den Punkt bringen?
Haben Sie nicht mehr als fünf bis sieben „Muss-Inhalte" auf Ihrer Fachlandkarte?

Soll: Können Sie diese Inhalte innerhalb von zwei Stunden auf den Punkt bringen?

Haben Sie die „Soll-Inhalte" eindeutig von den „Muss-Inhalten" abgegrenzt?

Kann: Können Sie diese innerhalb von zwei Tagen vermitteln und dabei Lernen ermöglichen?

Haben Sie die „Kann-Inhalte" definiert, die Sie je nach Interessenlage Ihrer TeilnehmerInnen, einbauen oder weglassen können?

 Üben Sie!

Entwickeln Sie für die zu planende Lehrveranstaltung eine Tabelle zu Muss, Soll, Kann und gehen Sie systematisch vor. Teilen Sie jedes Thema in diese drei Kategorien!

Muss	Soll	Kann

3.9 Die Fachlandkarte entsteht

Es gibt zwei Arten von Fachlandkarten (vgl. Lehner/Fredersdorf 2003: 56ff.):

A. die Fachlandkarte des Wissensgebietes
(= übergeordnete Fachlandkarte)
B. die Fachlandkarte der jeweiligen Lehr- bzw. Seminarinhalte
(= untergeordnete Fachlandkarte)

Zu A.

Die Fachlandkarte des Wissensgebietes zeigt Themenschwerpunkte und Inhalte, die in der Veranstaltung thematisiert – und auch ausdrücklich nicht thematisiert – werden. Dies kann besonders innerhalb eines Fachgebietes, einen Studienganges und/oder beim interdisziplinären Lehren und Lernen hilfreich sein.

Zu B.

Die Fachlandkarte des jeweiligen Lehr- bzw. Seminarinhaltes gibt einen strukturierten – und im Zusammenhang stehenden – Überblick über die Themen, die in der Veranstaltung behandelt werden. Sie ist quasi ein „Abbild" der Veranstaltung. In Abb. 6 und Abb. 7 (S. 33f) sind beide Formen der Fachlandkarten zur Verdeutlichung beispielhaft dargestellt.

Mithilfe der Fachlandkarte reduziert und strukturiert man ein bestimmtes Thema bzw. Wissensgebiet. Durch die visuelle Umsetzung des Themas in seiner Gesamtheit wird sowohl den TeilnehmerInnen als auch dem/der Lehrenden selbst in jeder Phase der Vorbereitung und Durchführung der Veranstaltung Abstraktionsmöglichkeit und Orientierung gegeben.

So wie es zwei Arten von Fachlandkarten gibt, gibt es auch zwei Darstellungsformen von Fachlandkarten:

1. die visuelle, bildhafte Fachlandkarte
2. die grafische, abstrakte Fachlandkarte

Beispiele hierzu finden Sie in Kapitel 2.3 (Abb. 6 und Abb. 7) und Kapitel 4 (Abb. Nr. 12-19) des Buches.

Jede Fachlandkarte, einerlei ob bildhaft oder abstrakt, sollte nach Möglichkeit professionell gestaltet sein und folgende Aspekte berücksichtigen:

• sieben (plus/minus zwei) Ankerbegriffe
• Inhalte zuspitzen und bündeln

- keine Inhalte der Inseln beschreiben
- Beziehungen der Themen, Ankerbegriffe verdeutlichen
- Abläufe und Reihenfolgen, wenn es sie gibt, darstellen
- eine Überschrift haben und damit den Blick der TeilnehmerInnen lenken
- mit einem Rahmen abgerundet sein
- eine ganzheitliche Aussage haben
- Blicke der TeilnehmerInnen steuern und lenken
- selbsterklärend sein

Neben dieser – in irgendeiner Weise auf Papier oder Poster dargestellten Fachlandkarte – kann auch eine sogenannte 3D-Fachlandkarte Ihr Weg sein. Finden Sie Gegenstände, Material, Symbole etc. und stellen Sie Ihr Thema als (be-)greifbare Fachlandkarte auf dem Boden oder einem Tisch dar.

Der Begriff „Fachlandkarte" ist ein didaktischer Begriff, der TeilnehmerInnen sehr häufig fremd ist und vielleicht in manchen Fachgebieten eher abschreckend wirkt. Finden Sie daher einen eigenen Begriff für Ihre Fachlandkarten.

Mögliche Bezeichnungen für Fachlandkarten sind:

Im	**F**	okus
Big P	**A**	ge
Im Bli	**C**	k
Unser T	**H**	ema
Themenp	**L**	an
Ges	**A**	mtzusammenhang
Ko	**N**	zeptkarte
Auf	**D**	En Punkt
	K	ernpunkte
M	**A**	p
Übe	**R**	blick
Themena	**T**	las
Auf	**E**	inen Blick

Weitere Begrifflichkeiten für die Fachlandkarte sind: „Brennpunkte", „Das A und O", „Dreh und Angel", „Grundgedanke", „Hauptbestandteile", „Im Zentrum", „Rückgrat des Themas", „roter Faden", „Schaltplan", „Schwerpunkte" usw.

Welche Begrifflichkeit passt zu Ihnen und Ihren TeilnehmerInnen?

 über Sie!

Jede Fachlandkarte sollte mindestens folgende Kriterien erfüllen:

- sieben (plus/minus zwei) Ankerbegriffe
- Bezüge der Ankerbegriffe verdeutlichen
- eine ganzheitliche Aussage haben

checken Sie!

Geben Sie Ihren Fachlandkarten einen Namen! Entwickeln Sie ggf. einen – für Ihr Fachgebiet – spezifischen Begriff. Verwenden Sie zur Anregung und Ideenentwicklung ein „Scrabble". Scrabble ist eine Kreativtechnik, die der Ideenfindung dient. Sie können jeden x-beliebigen Begriff senkrecht untereinander schreiben und scrabbeln. Zwei mögliche Varianten finden Sie hier: Assoziationen zu den Buchstaben innerhalb des Wortes oder zu den Anfangsbuchstaben. Scrabble ist eine Übung, die Sie in Ihren Veranstaltungen zum Start als „Brainstorming" oder zum Abschluss als Wiederholung einsetzen können. Aus dem Wissenschaftszweig des „Kreativen Schreibens" kennt man diese Methode als „Achrostychon".

Finden Sie im Folgenden Begriffe, die für Sie die Fachlandkarte bezeichnen und mit den entsprechenden Buchstaben beginnen.

F   _____

A   _____

C   _____

H   _____

L   _____

A   _____

N   _____

D   _____

K   _____

A   _____

R   _____

T   _____

E   _____

 Üben Sie!

Gestalten Sie zwei Fachlandkarten zu Ihrem Thema – eine abstrakte und eine bildhafte. Was gefällt Ihnen besser? Welche sagt Ihnen mehr zu? Was geht Ihnen leichter von der Hand?

3.10   Die gute Visualisierung von Fachlandkarten

Folgende Tipps und Tricks zur Gestaltung von Fachlandkarten können Ihnen bei der visuellen Umsetzung helfen (vgl. Seifert/Pattay 2009; Ritter-Mamczek/Lederer 2009).

1. Äußere Rahmenbedingungen beachten und dementsprechend die Fachlandkarte gestalten
- Zielgruppe: Gruppengröße, Alter, Standards etc.
- Räumlichkeiten: Tageslicht, technische Ausstattung etc.
- Vorbereitungszeit und ggf. die Kostenplanung: z.B. Farbkopien

2. Gliederung/Übersichtlichkeit
- Die Fachlandkarte sollte immer und überall sichtbar sein
- Die Fachlandkarte sollte generell klar und nicht überladen sein – ungefährer Richtwert: Ein Drittel des Mediums sollte beschrieben werden
- Keine Nebensächlichkeiten visualisieren: Die Behaltenskapazität, Gedächtnisspanne des Menschen beschränkt sich auf sieben (plus/minus zwei) Einheiten. Mehr Informationen können nicht gleichzeitig aufgenommen werden

3. Sprache/Text
- Verständlichkeit ist oberstes Gebot: Fremdwörter nur dann verwenden, wenn diese unabdingbar sind
- Schlüsselbegriffe bzw. ein bis zwei Schlagworte pro Anker aufstellen
- Keine Sätze bilden

4. Symbolik
- Allgemein bekannte Bilder und Symbole verwenden als „Futter" für die rechte Gehirnhälfte
- Beispiele für Symbole: ← ↑ → ↓ ⇔ ⇐ ⇑ ⇒ ⇓ ♥ > < = ? ! u.Ä.

5. Grafik
- Klare Strukturen schaffen

- Eindeutige Zusammenhänge führen zu zweifelsfreiem Erkennen
- Dicker Strich unterstützt die Eindeutigkeit
- Natürliche Blickrichtung beachten: von links nach rechts, von links unten nach rechts oben im Uhrzeigersinn

6. Farbwahl
- Bewusste Farbwahl treffen: Mit Schwarz oder Blau schreiben und mit Rot oder Grün markieren
- Ein Medium sollte möglichst zwei, max. drei Farben auf sich vereinigen
- Mehr Farben nur bei ganzheitlichen Bildern einsetzen

7. Schrift
- Groß schreiben: Jedes erstellte Medium immer vor der Lehrveranstaltung im Seminarraum vom hintersten Platz aus selbst testen
- Das Plakat ist kein Schmierpapier: Druckbuchstaben, Kunstschrift, Schrift „malen"
- „Ankritzeln" im Vorübergehen kann von Unprofessionalität des/der Lehrenden zeugen

8. Überschrift
- Jede Fachlandkarte braucht eine Überschrift
- Das Thema muss immer erkennbar sein

9. Hervorhebungen/Unterstreichungen
- Weniger ist meistens mehr: Das Wesentliche kann und sollte zwar gekennzeichnet bzw. markiert werden, ist aber bei der Visualisierung nicht alles wesentlich?

10. Kann es jetzt losgehen?
- Da ist noch was! Ein Bild reicht nicht. Fünf Schritte sind bei jeder Visualisierung zu berücksichtigen: Ankündigen – Zeigen – Fragen – Bedeutung – Resümee

 Checken Sie!

Überprüfen Sie Ihr nächstes Plakat auf alle zehn Punkte!
Erinnern Sie sich in der Praxis an das Wort „BILD":

B   Besonders motivierend
I   Im Fokus das Wesentliche
L   Lesbarkeit aller Details
D   Deutliche Aussage

 Üben Sie!

Gestalten Sie schon heute ein Plakat für Ihre nächste Veranstaltung! Wenn nicht heute, wann dann?

3.11 Mehr Ideen zur Visualisierung von Fachlandkarten

Folgende Bilder, Symbole und grafische Elemente können
beim Entwickeln von Fachlandkarten helfen, das Thema auf
den Punkt zu bringen bzw. zu fokussieren (vgl. Ritter-
Mamczek/Lederer 2009):

- **Ballonfahrt**
  für prozessorientierte Themen
- **Blumen**
  für modulare Themen
- **Boot und Inseln**
  für Themen ohne vorgegebene Reihenfolge
- **Cocktailglas**
  für den Schwerpunkte- oder Themen-Mix
- **Fliegen und Flughafen**
  für Themen mit dem Fokus auf die Prozesssteuerung
- **Formen**
  mit Funktionen

- **Haus und Häuser**
  für Strukturen
- **Köpfe**
  für modulare Themen ohne vorgegebene Reihenfolge
- **„Männekens"**
  für dynamische Themen
- **Personen**
  für Themen mit dem Fokus auf persönliche Entwicklung
- **Planeten und Rakete**
  für modulare Themen ohne vorgegebene Reihenfolge
- **Spielfiguren**
  für Themen zu zwischenmenschlichen Beziehungen
- **Sterne**
  für modulare Themen, die diese zum Leuchten bringen
- **Strukturen**
  für verbal-abstrakte Zuhörer
- **Unterwasserwelt**
  für modulare Themen, mal anders dargestellt
- **Wald und Dschungel**
  für vielschichtige Themen
- **Weg und Seilfahrt**
  für Themen mit Reihenfolge
- **Werkzeugkasten**
  für Methoden
- **Zirkus**
  für vielschichtige Themen

 Checken Sie!

Welches Bild geht Ihnen bei Ihrem Fachthema durch den Kopf? Malen Sie, jetzt!

 Üben Sie!

Beantworten Sie folgende Fragen, nachdem Sie eine Visualisierung ausgewählt haben:

- Passt die Visualisierung zu Ihrer Gesamtaussage?
- Passt die Visualisierung zu Ihnen?
- Passt die Visualisierung zu Ihrer Zielgruppe?

3.12   Den Prototypen entwickeln

„Nicht das ‚stumpfsinnige Regeln-auswendig-Lernen' stiftet dem-
nach wirklich nachhaltige Lernerfolge, sondern das Sich-Beziehen
auf Beispiele, wenn möglich (auf) die richtigen und guten Beispiele'" (vgl. Arnold 2007: 105 und Spitzer 2002: 78).

Prototypen konstruieren bedeutet, komplexe Sachverhalte auf
ihre wesentlichen Elemente zurückzuführen. Es ist die qualitative Reduktion mit einer direkten Konsequenz für die didaktische Inszenierung. Prototypen können Beispiele oder
Fälle aus der Praxis sein, die in sich alle Ankerbegriffe der
Fach- und Lehrthemas exemplarisch vereinen und verbinden:

Prototypen sind:

- anschaulich
- begreifbar
- einzigartig
- exemplarisch
- extrem reduziert
- ganzheitlich
- praxisnah
- qualitative Reduktion
- unvergesslich

Folgende Prototypen sind u.a. möglich:

- Bilder
- Fall
- Film selber drehen durch die TeilnehmerInnen
- Fotodokumentation durch die TeilnehmerInnen
- Live-Sequenzen

- Metapher
- Planspiel
- Praxisstudium
- Rollenspiel
- Situationen aus dem Leben
- Story
- Video/DVD

Immer dann, wenn etwas konstruiert wurde, das alle Ankerbegriffe in sich vereinigt, ist ein Prototyp entstanden. Erinnern Sie sich an das Beispiel in Kapitel 2.3 „Das professionelle Dozentenverhalten"? Hier könnte als Prototyp ein Ausschnitt aus einem Lehrfilm dienen, auch ein exemplarisches Rollenspiel wäre als Prototyp denkbar. Wichtig ist, dass alle Ankerbegriffe im übertragenen Sinne im Prototyp erkennbar werden.

 Checken Sie!

Entspricht Ihr Prototyp allen Merkmalen eines Prototyps?

- Ist er exemplarisch?
- Enthält er alle Ankerbegriffe?
- Spiegelt er die Fachlandkarte anschaulich?
- Ist er praxisnah?

 Üben Sie!

Gehen Sie mit offenen Augen durch Ihre Fach- und Lebenswelt. Suchen und finden, konstruieren und gestalten Sie Ihre Prototypen. An der einen oder anderen Stelle kann Ihnen eine Kreativtechnik helfen, den passenden Prototypen zu finden: Probieren Sie doch mal die Kopfstandmethode aus.

Und so geht's – die Kopfstandmethode:

Sammeln Sie bitte für die nächsten fünf Minuten all das, was für Sie kein Prototyp ist. Listen Sie alle Ihre Gedanken dazu auf. In einem zweiten Schritt wenden Sie alles: Was lässt sich von Ihren Kopfstandideen für Ihren Prototypen ableiten? Entwickeln Sie Ihre Idee!

3.13   Die richtige Planung macht's – Eine Tabelle hilft

Semi-nar-phase	Lernziel	Thema/ Inhalt	Metho-de	Medien	TN-/ Dozen-tInnen-aktivität	Zeit in der LV	Zeit zur Vorbe-reitung

Die Planungstabelle – auch „Trainerleitfaden" genannt – kann helfen, sowohl ein gesamtes Semester zu planen, als auch jede einzelne Veranstaltung.

Als Überblick ist es hilfreich, jede Lehrveranstaltung grob in der Tabelle einzutragen und so einen Überblick über das Semester zu bekommen. Folgende Leitfragen können dabei helfen:

- Welche Reihenfolge macht für Ihre Inhalte Sinn?
- Wie viele Lehreinheiten/Veranstaltungsblöcke lang verweilen Sie bei einem Thema?
- Was ist das Thema der ersten und der letzten Veranstaltung?
- Wie geben Sie – semesterbegleitend – Überblicke, bauen kleine Wiederholungen und Prüfungsfragen ein?

- Was ist Ihr „roter Faden"?
- In welchen Abständen bauen Sie – auf das Semester bezogen – größere Wiederholungsrunden und Prüfungssequenzen ein?
- Wie wird am Ende geprüft, was ist in der Modulbeschreibung vorgesehen?

Beispiel für eine Semesterplanungstabelle

Veranstaltung	Lernziel	Thema/ Inhalt	Methode	Medien
1. Veranstaltung	Überblick Kennenlernen Einstieg ins Thema Rollen klären Ziele des Semesters gemeinsam erarbeiten	Überblick Kennenlernen Prüfungsmodalitäten Vorgehensweise im Semester	Lehrvortrag Kugellager	Plakate Handout PowerPoint
2. Veranstaltung				
3. Veranstaltung				
...				
Letzte Veranstaltung				

Nachdem Sie sich einen groben Semesterplan in dieser Planungstabelle gemacht haben, können Sie Stück für Stück die einzelnen Sequenzen und Themenblöcke der Veranstaltungen planen. Und dabei nicht vergessen: Von den Lehr-Lernzielen ausgehen!

Beispiel für eine Planungstabelle für eine konkrete 90-min.-Lehreinheit

Seminar-phase	Lernziel	Thema/ Inhalt	Me-thode	Me-dien	TN-/ DozentInnen-aktivität	Zeit in Min.
Einstieg Einladung	Orientierung geben /erhalten, in Veranstaltung einführen					10'
Einstieg Warming Up	Kennenlernen Als Mensch ankommen					5'
Einstieg Motivation	Motivation zum Thema Motivation zum Mitmachen					5'
Arbeitsphase Stoff-vermittlung	Die Inhalte kennen und verstehen					15'
Arbeitsphase nach der Pause	Konzentriert und aktiv mitarbeiten können					5'
Arbeitsphase Stoff-verarbeitung	Die Inhalte anwenden bzw. einschätzen oder beurteilen können					25'
Abschluss Transfer	Die Inhalte auf Praxisfragen übertragen können					10'
Abschluss Wiederholung	Die Inhalte zusammen-fassen und wiederholen können					10'
Abschluss Feedback	Die eigene Lehr-Lern-situation reflektieren können					5'

Die Minutenangaben in der vorgeschlagenen Planungstabelle sind als eine grobe Orientierung zu verstehen. Selbstverständlich können die Phasen auch vertauscht werden. Wichtig ist für das Lernen, folgt man den Maximen der Handlungsorientierung und Informationsverarbeitung, dass es „kleinteilige" Phasen sind, in denen sich die TeilnehmerInnen aktiv und praxisbezogen mit den theoretisch vermittelten Inhalten auseinandersetzen.

 **Checken Sie!**

Erstellen Sie zunächst eine Planungstabelle für Ihre nächste Lehrveranstaltung. Überprüfen Sie diese auf:

- die Einhaltung der 20-Minuten-Regel
- eingeplante Pufferzeiten (maximal 60 % mit „Muss-Inhalten" und Übungen verplanen)
- Größe der Zeitfenster (nicht kleinteiliger als sieben Minuten planen)
- Maximal zwei bis drei Lehr- und Sozialformen je Veranstaltung
- die Möglichkeit einer didaktischen Weiche
- den Einsatz von maximal zwei bis drei Medien je Veranstaltung

Üben Sie!

Planen Sie, denn Übung macht den Meister: Bereiten Sie Ihre nächste Lehrveranstaltung mit der Planungstabelle vor und kontrollieren Sie sich selbst nach der Veranstaltung. Wo lagen Sie richtig mit Ihrer Planung und Zeiteinteilung? Wo könnten Sie besser werden? Integrieren Sie Ihre Erkenntnisse direkt in die nächste Veranstaltungsplanung.

3.14   Die Qual der Wahl? Das Zitrus-Modell hilft!

Abbildung 11: Die richtige Wahl

Nachdem die Lehr-Lernziele formuliert, die Inhalte ausgewählt, der Stoff reduziert und strukturiert ist, stellt sich die
methodische Frage. Wie wählt der Lehrende denn nun die
passende Methode aus? Wie findet er das passende Medium. Das Beantworten der ZITRUS-Fragen hilft dabei, die
passende didaktische Methode und das entsprechende Medium auszuwählen.

ZITRUS bedeutet:

Z   Ziel
    Was ist Ihr Lehrziel?

Was ist das mögliche Lernziel Ihrer TeilnehmerInnen?
Was soll am Ende der Lehrveranstaltung stehen?
Was ist das Ziel jeder einzelnen Unterrichts- oder Seminareinheit?

I   Ich

Welche Lehrerfahrungen haben Sie?
Welche Methoden/Medien setzen Sie mit besonderer Freude ein?
Wie steht es um Ihre Fachkompetenz, was macht Sie zum/zur Experten/Expertin?
Was sind Ihre besonderen Erfahrungen mit dem Thema?

T   TeilnehmerInnen

Wie viele TeilnehmerInnen sind in Ihrer Veranstaltung?
Was ist das vermutete oder sichere Vorwissen der Gruppe?
Welche Lernerfahrungen haben die TeilnehmerInnen?
Mit welchen Erwartungen rechnen Sie?

R   Rahmenbedingungen

Was sind die formalen Vorgaben?
Wie ist der Raum gestaltet?
Welche zusätzlichen Ressourcen stehen zur Verfügung?
Welche Prüfungen stehen am Ende Ihrer Lehrveranstaltung?

U   Uhr

Wie sind die Seminarzeiten?
In welchem Rhythmus findet Ihre Lehrveranstaltung statt?
Zu welcher Tages- bzw. Uhrzeit starten und enden Sie mit Ihrer Lehrveranstaltung?
Wie lange dauert eine Seminarphase bzw. Methode?

S   Stoffreduktion

Was sind Ihre zentralen Themen und Ankerbegriffe?
Was gibt die Struktur des Themas her?
Mit welchem Prototypen werden Sie arbeiten?
Welche Details sind Ihnen wichtig?

Erst durch das Beantworten dieser Fragen finden Sie den richtigen methodisch-didaktischen Weg in Ihrer konkreten Lehrveranstaltung – für sich und für Ihre TeilnehmerInnen. Was in einer Lehrveranstaltung klappt, muss in der nächsten Gruppe – mit demselben Thema – überhaupt nicht klappen. Daher kann das ZITRUS-Modell ein Ihre Lehre begleitendes Instrument sein, dass immer wieder hilft, das eigene Vorgehen beim Lehren zu reflektieren und ggf. zu justieren.

 Üben Sie !

Wählen Sie zu Ihren im vorderen Teil des Buches formuliertem Lehr-Lernzielen, der Stoffreduktion und -strukturierung die passenden Methoden aus! Nutzen Sie als Hilfsmittel die Planungstabelle.

3.15 Das konkrete Vorgehen in der Lehrveranstaltung – So kann es gehen

Wie sieht nun der konkrete Unterricht aus? Es gibt mehrere Möglichkeiten (vgl. Meyer 2004:28).

1. Das deduktive und das induktive Lehren.

Die deduktive Lehrform: Sie starten mit einem Überblick und der Fachlandkarte. Nach Ihren theoretischen Inputs führen Sie zu einem konkreten Fall, dem Prototypen (in Form eines Rollenspiels, eines Videos o.Ä.).

Die induktive Lehrform: Sie starten mit einem Prototypen, also einem Fall, und leiten daraus alle theoretischen Inhalte und Merkmale ab. Zusammenfassend präsentieren Sie die Fachlandkarte.

Das induktive und deduktive Vorgehen lässt sich auf drei Ebenen übertragen, die in der Lehrpraxis ganz unterschiedliche methodische Linienführungen zur Folge haben:

- Grad der Abstraktion der Inhalte – Abstraktes oder Konkretes
- Grad der Komplexität der Inhalte – Einfaches oder Komplexes
- Grad der Vertrautheit der Inhalte – Vertrautes oder Unbekanntes

Im Einzelnen heißt das: Entscheiden Sie sich für eine Abstraktionslinie: Ausgehen vom Abstraktem oder Ausgehen vom Konkreten.

2. Vom Abstrakten zum Konkreten und umgekehrt

Vom Abstrakten zum Konkreten: Sie starten mit einem Überblick und der Fachlandkarte. Nach Ihren abstrakten Inputs führen Sie zu einem konkreten Fall, dem Prototypen (in Form einer Übung, einer Fallstudie o.Ä.).

Vom Konkreten zum Abstrakten: Sie starten mit einem konkreten Prototypen, also einer „realen" Situation, und leiten daraus alle abstrakt-theoretischen Inhalte und Merkmale ab. Quasi zusammenfassend präsentieren Sie Formeln, Theoriegebilde, Fachlandkarte.

Mischformen: Arbeiten Sie sowohl mit konkreten Beispielen aus der Lebenswelt der TeilnehmerInnen als auch mit abstrakten Überblicken und Modellen, mischen Sie das Vorgehen.

Entscheiden Sie sich für eine Komplexitätslinie: vom Komplexen zum Einfachen oder umgekehrt.

3. Vom Komplexen zum Einfachen und umgekehrt

Vom Komplexen zum Einfachen: Sie starten mit einem Gesamtüberblick und der Fachlandkarte. Nach der Darstellung des komplexen Zusammenhangs führen Sie zu einem einfachen, anschaulichen Fall, dem Prototypen.

Vom Einfachen zum Komplexen: Sie starten mit einem einfachen Fall, dem Prototypen, und leiten daraus alle theoretischen Inhalte, Merkmale ab und entwickeln gemeinsam mit Ihren TeilnehmerInnen einen komplexen Themenüberblick. Zusammenfassend präsentieren Sie die Fachlandkarte.

Mischformen: Arbeiten Sie sowohl mit einfachen Beispielen als auch mit komplexen Überblicken, mischen Sie das Vorgehen. Sie sind eingeladen, mit Ihren TeilnehmerInnen die einfachen Praxisbeispiele gemeinsam zu bearbeiten und die komplexen Fachlandkarten begleitend entstehen zu lassen.

Entscheiden Sie sich: Vom Unbekannten zum Vertrauten oder vom Vertrauten zum Unbekannten.

4. Vom Unbekannten zum Vertrauten und umgekehrt

Vom Unbekannten zum Vertrauten: Sie starten mit einem Überblick und der Fachlandkarte. Nach Ihren theoretischen abstrakten Inputs führen Sie zu einem konkreten Fall, dem Prototypen (in Form eines Rollenspiels, eines Videos o.Ä.).

Vom Vertrauten zum Unbekannten: Sie starten mit einem praxisnahen Prototypen, also einem „echten" Fall, und leiten daraus alle theoretischen Inhalte und Merkmale ab. Quasi zusammenfassend präsentieren Sie die Fachlandkarte.

Mischformen: Arbeiten Sie sowohl mit praktischen Beispielen als auch mit abstrakten Überblicken und Modellen, mischen Sie das Vorgehen.

 Checken Sie!

Gehen Sie dreistufig vor:

1. Entscheiden Sie sich für das deduktive oder induktive Vorgehen in Ihrer Veranstaltung.

2. Begründen Sie für sich Ihre Entscheidung.
3. Wählen Sie im Anschluss Ihre methodische Linienführung:
   Abstraktionslinie
   Komplexitätslinie
   Vertrautheitslinie

 Üben Sie!

Planen Sie ein Ihnen vertrautes Thema sowohl deduktiv als auch induktiv. Beantworten Sie sich im Anschluss die folgenden Fragen:

- Was macht Ihnen mehr Freude?
- Was macht für Ihre TeilnehmerInnen mehr Sinn?
- Welches Vorgehen passt mehr zum Thema?

Gehen Sie dann in die Praxis und experimentieren Sie: Probieren Sie ein Vorgehen aus, dass Ihnen besonders weit entfernt erscheint. Sie werden sehen, wie viele Möglichkeiten und Varianten auch in diesem Vorgehen stecken.

3.16 An alles gedacht? Von A–Z zum handlungsorientierten Seminar

> „Der Einfall ersetzt nicht die Arbeit."
> *(M. Weber)*

Die folgende Aufstellung kann als eine Art Zusammenfassung und Ergänzung zu den vorgestellten Techniken und Methoden des vorliegenden Buches verstanden werden. Sie gibt in ihrer chronologischen Sortierung darüber hinaus Orientierung für die einzelnen Arbeitspakete und -aufgaben. Schritt für Schritt entsteht durch das Entwickeln und Bearbeiten der einzelnen Punkte eine handlungsorientierte und teilnehmerzentrierte Lehrveranstaltung, in der Lernen für die TeilnehmerInnen (und sicherlich auch für Sie) möglich wird.

Die Vorbereitung

A   Auftrag klären
B   Erwartungen abfragen
C   Lehrziele definieren
D   Fachlich strukturieren:
    Zwölf Schritte der Stoffreduktion
    Ergebnis: Fachlandkarte und Prototyp
E   Didaktisch strukturieren:
    Methodenrad (Einstiegs-, Arbeits-, Ausstiegsphasen)
F   Reihenfolge der Ankerbegriffe festlegen
G   Methoden und Medien auswählen:
    ZITRUS-Modell
H   Didaktische Weiche planen bzw. Plan-B-Liste erstellen,
    Alternativmethoden überlegen und vorbereiten
I   Realistisch Zeit planen:
    Jede Lehrveranstaltung, jede Lehreinheit hat drei Phasen
    – Einstieg, Arbeitsphase, Abschluss
J   Konkrete Seminarmaterialien und -medien vorbereiten
    und zusammenstellen
K   Rahmenbedingungen schaffen und Raum reservieren,
    Medien reservieren, Sitzordnung überlegen

Die Inszenierung

L   Rechtzeitig vor Ort sein
M   Seminarraum gestalten: Sitzordnung, Reihenfolge der
    Materialien, Position der Medien
N   Überblick geben: Agenda/Fachlandkarte zu Beginn des
    Seminars geben und sichtbar lassen
O   Interesse wecken – Warming Up: Zum Thema motivie-
    ren, zur Mitarbeit aktivieren, für die Gruppe interessie-
    ren

P   Lehr-Lernziele synchronisieren:
    Erwartungsabfrage führt zu Lernzielen der Teilnehme-
    rInnen
Q   Persönliche Betroffenheit schaffen:
    Prototypen aus der Berufs- oder Lebenswelt der Studie-
    renden erlebbar machen
R   20-Minuten-Regel beachten:
    Einatmen maximal 20 Minuten – dozentenzentriert
    Ausatmen mindestens 20 Minuten – teilnehmerzentriert
S   Flexibel arbeiten durch Zeit- und Methodenvielfalt:
    Plan-B-Liste bzw. didaktische Weiche bei Bedarf einset-
    zen
T   Lerntypengerecht arbeiten zur Förderung der Behaltens-
    leistung:
    Verschiedene Lehr-Lernwege offen gestalten und anbie-
    ten
U   Jede Methode hat immer – auch unter Zeitdruck – drei
    Phasen:
    Einstieg, Arbeitsphase, Ausstieg
V   Transfer sichern, bei jeder Methode und explizit am En-
    de des Seminars
W   Pausen machen:
    Konzentrationsverlauf beachten
    Aktivierung zwischendurch, lüften
X   Zusammenfassungen geben und aktive Wiederholungen
    schaffen
Y   Feedback konstruktiv gestalten, positiv enden

Die Nachbereitung
Z   Konsequente Nachbereitung als Vorbereitung für die
    nächste Veranstaltung:
    Abgleichen der geschätzten und tatsächlich gebrauchten
    Zeitfenster und Konsequenzen für die nächste/n Sit-
    zung/en daraus ziehen

4 Praxisbeispiele in der Lehre – mit Fachlandkarten

Die folgenden Praxisbeispiele der Vorbereitung einer Lehrveranstaltung im Allgemeinen wie Stoffreduktion im Besonderen sind exemplarisch und dienen der Anregung, Kreativität und Ideenentwicklung. Die Praxisbeispiele stammen aus dem Fundus von eigenen Lehrveranstaltungen bzw. Seminaren, sie haben keinen Anspruch auf Vollständigkeit, sie können jedoch ein guter Start für eine Veranstaltung zum entsprechenden Thema bzw. zum Übertragen auf ein eigenes Praxisthema sein. Es werden dabei nicht alle zwölf Reduktionsschritte (Kap. 2.3) komplett vorgestellt, sondern es wird besonders auf die Schritte eins, drei bis fünf, sieben bis neun und zwölf fokussiert, weil die Details der einzelnen Themen an dieser Stelle eher verwirrend und nicht zielführend wären. Zu jedem Beispiel werden zwei Fachlandkarten – abstrakt und bildhaft – dargestellt.

Reduktionsschritte im Einzelnen

1. Zielgruppe definieren

2. Ausgangslage des Dozenten/der Dozentin bestimmen

3. Ziele und Zeit festlegen

4. Orientierungswissen geben

5. Abgrenzung schaffen

6. Brainstorming durchführen

7. Ankerbegriffe setzen

8. Zusammenhänge erklären

9. Fachlandkarte erstellen

10. Inseln bilden

11. Insel-Fachlandkarten anfertigen

12. Prototypen auswählen

4.1 Praxisbeispiel 1: Ein Seminar zum Thema „Der Methodenwerkzeugkasten für Lehrende"

Reduktionsschritte	Beispielantworten
Zielgruppe definieren	16 Lehrende aller Fachrichtungen unterschiedlicher Hochschulen, alle mit mehr als zweijähriger Lehrerfahrung
Ziele und Zeit festlegen	Ziel: Lehrveranstaltungen handlungsorientiert und teilnehmerzentriert durchführen können Zeit: ein Tag
Orientierungswissen geben	Erwachsenenbildung, Lernpsychologie, Gruppendynamik
Abgrenzung schaffen	Didaktische Theorien, Lerntheorien, Stoffreduktion, Umgang mit Störungen
Ankerbegriffe setzen	Handlungsorientierung Dozentenverhalten Hilfsmittel TeilnehmerIn Rahmenbedingungen
Fachlandkarte erstellen	Siehe Fachlandkartenbeispiele auf der folgenden Seite
Prototypen auswählen	Jede/r TeilnehmerIn arbeitet an seiner/ihrer eigenen Lehrveranstaltung oder gemeinsame Seminarplanung zu einem in der Veranstaltung auserwählten Thema in Kleingruppen

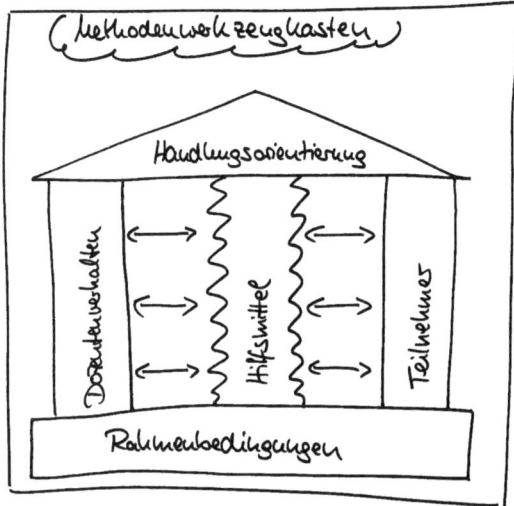

Abbildung 12:   Abstrakte Fachlandkarte – Methodenwerkzeugkasten

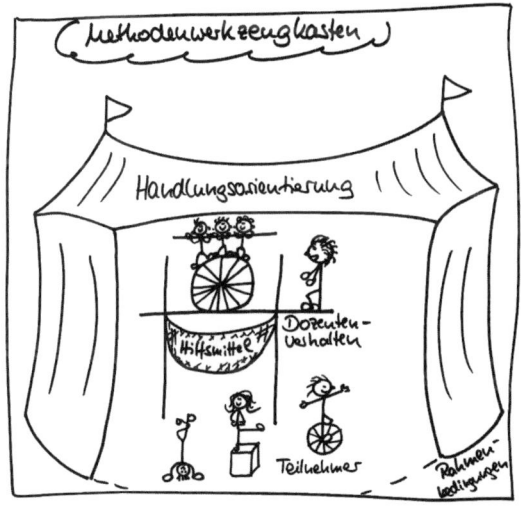

Abbildung 13:   Bildhafte Fachlandkarte – Methodenwerkzeugkasten

4.2 Praxisbeispiel 2: Selbstmanagement

Reduktionsschritte	Beispielantworten
Zielgruppe definieren	15 MitarbeiterInnen einer Hochschule, quer durch alle Berufsgruppen, alle seit mehr als drei Jahren an der Hochschule
Ziele und Zeit festlegen	Ziel: sich selbst so zu führen, dass man zufrieden ist, gesund bleibt und Erfolg hat Zeit: zwei Tage, aufgesplittet in anderthalb Tage plus zwei mal zwei Stunden Follow-up im Abstand von jeweils vier Wochen
Orientierungswissen geben	Verhaltenspsychologie, Medizin, Sportwissenschaft, Ernährungswissenschaft, MS Outlook, Betriebswirtschaftslehre
Abgrenzung schaffen	Stressbewältigungstraining, MS-Outlook-Schulung
Ankerbegriffe setzen	Ich Zeitökologie Zeitökonomie Gesundheit Stressbewältigung
Fachlandkarte erstellen	Siehe Fachlandkartenbeispiele auf der folgenden Seite
Prototypen auswählen	Diskoqueen Bonita, die gesund und zufrieden und erfolgreich lebt oder das eigene Leben als dritte Person

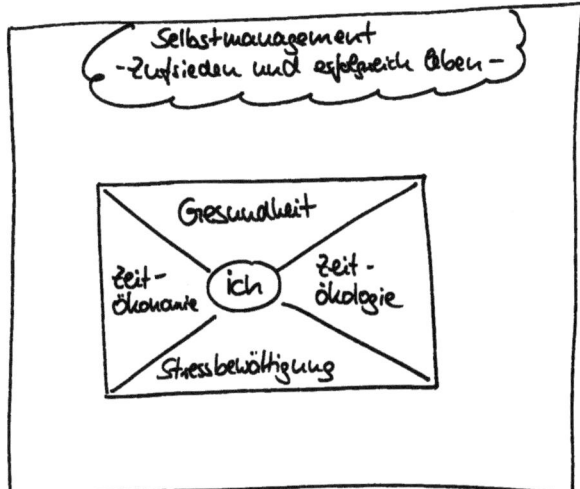

Abbildung 14: Abstrakte Fachlandkarte – Selbstmanagement

Abbildung 15: Bildhafte Fachlandkarte – Selbstmanagement

4.3 Praxisbeispiel 3: Teamentwicklung

Reduktionsschritte	Beispielantworten
Zielgruppe definieren	13 Teammitglieder inkl. Vorgesetzter eines Fachgebiets einer Hochschule, alle arbeiten seit mehr als einem Jahr im Team
Ziele und Zeit festlegen	Ziel: konstruktiv und zielorientiert im Team zu arbeiten und Projekte zu Ende bringen zu können, als Team Erfolg zu haben
	Zeit: zwei Tage, aufgesplittet in einen Tag plus zwei mal einen halben Tag nach jeweils sechs Wochen
Orientierungswissen geben	Kommunikationspsychologie, Projektmanagement, Arbeitsorganisation
Abgrenzung schaffen	Kommunikation im Team, Outdoor-Training, Arbeitsorganisation mit MS Outlook
Ankerbegriffe setzen	Ziel Zusammenhalt Spielregeln Individualität Störungen
Fachlandkarte erstellen	Siehe Fachlandkartenbeispiele auf der folgenden Seite
Prototypen auswählen	Orchester oder Fußballmannschaft

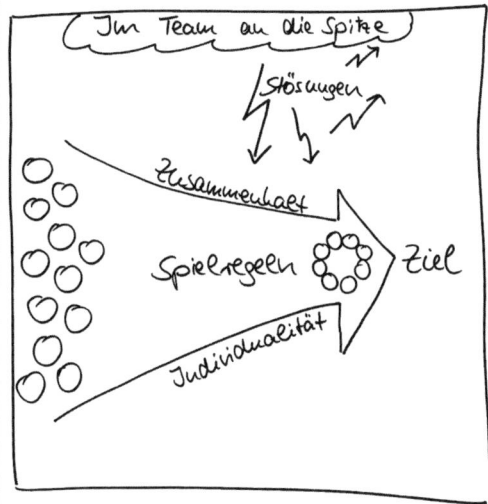

Abbildung 16: Abstrakte Fachlandkarte – Im Team an die Spitze

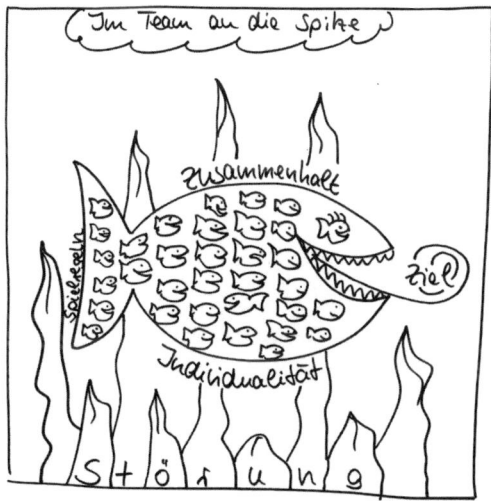

Abbildung 17: Bildhafte Fachlandkarte – Im Team an die Spitze

4.4 Praxisbeispiel 4: Projekte managen – eine runde Sache

Reduktionsschritte	Beispielantworten
Zielgruppe definieren	15 Projektleiter einer Forschungseinrichtung, alle mit Projekterfahrung
Ziele und Zeit festlegen	Ziel: Projekte effektiv steuern und zum Ziel führen können Zeit: zwei mal zwei Tage mit acht Wochen Abstand dazwischen
Orientierungswissen geben	Projektmanagement-Techniken, Betriebswirtschaftslehre, Arbeiten mit öffentlichen Geldern, Teamarbeit, Kommunikationstraining, Gruppendynamik
Abgrenzung schaffen	Zeitmanagement, Arbeitsorganisation, Teamarbeit
Ankerbegriffe setzen	Beteiligte Phasen Tools Rahmenbedingungen Erfolgsfaktoren
Fachlandkarte erstellen	Siehe Fachlandkartenbeispiele auf der folgenden Seite
Prototypen auswählen	Gemeinsames Kochen oder Haus sanieren

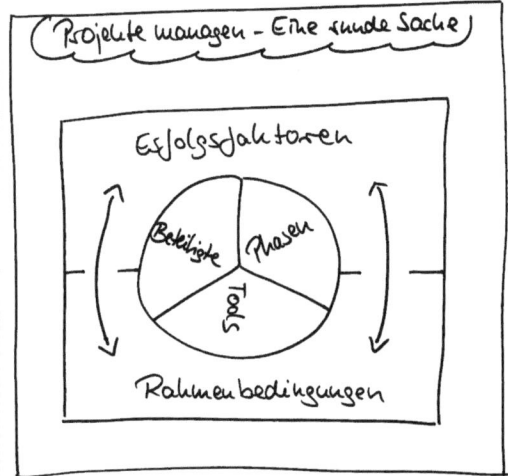

Abbildung 18: Abstrakte Fachlandkarte – Projekte managen

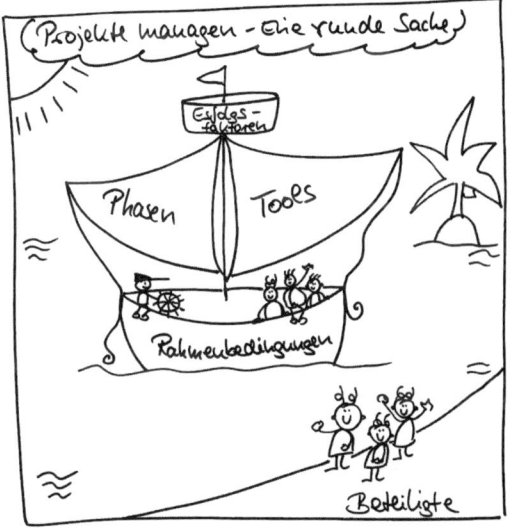

Abbildung 19: Bildhafte Fachlandkarte – Projekte managen

4.5 Praxisbeispiel 5: Ihr eigenes Thema

> „Feiern Sie jeden Fortschritt,
> erwarten Sie nicht, vollkommen zu werden."
> *(A.M.G. Cooper)*

Entwickeln Sie – entsprechend der Planungstabelle (siehe Details in Kapitel 2.3 und 3.13) – Ihre eigenen Fachlandkarten. Lassen Sie sich dazu von den vorgestellten und erarbeiteten Ideen und Techniken inspirieren!

Viel Freude dabei!

Reduktionsschritte	**Ihre Gedanken und Inhalte**
Zielgruppe definieren	
Ihre Ausgangslage bestimmen	
Ziele und Zeit festlegen	
Orientierungswissen geben	
Abgrenzung schaffen	
Brainstorming durchführen	
Ankerbegriffe setzen	
Zusammenhänge erklären	
Fachlandkarte erstellen	
Inseln bilden	
Insel-Fachlandkarten anfertigen	
Prototypen auswählen	

5 Zu guter Letzt

5.1 Ein Perspektivenwechsel

Im bisherigen Verlauf des Textes wurde deutlich gemacht, inwieweit Stoffreduktions- und -strukturierungstechniken helfen, Lehrveranstaltungen – gleich ob Vorlesung oder Seminar – zu planen, vorzubereiten und durchzuführen. Als Lehrende sind Sie auch in vielen anderen Welten zuhause, Sie schreiben wissenschaftliche Artikel, Aufsätze, Bücher. Sie leiten Projekte in der Industrie und akquirieren Forschungsgelder. Sie managen Ihre Zeit und versuchen Berufs- und Privatleben unter „einen Hut" zu bringen. Sie arbeiten im Team, häufig sogar in mehreren Teams. Sie unterstützen Unternehmensgründungen von Studierenden oder gründen selbst.

Genau aus diesen Gründen sind Sie im Folgenden zu einem Perspektivenwechsel eingeladen: Die Stoffreduktions- und -strukturierungstechniken können nämlich bei sehr vielmehr Themen und in sehr viel mehr Arbeits-Lebensbereichen helfen. Was bei der Lehrveranstaltungsplanung und Durchführung hilft, hilft – in abgewandelter Form – auch

- beim Schreiben eines Aufsatzes bzw. eines Buches
- beim Selbstmanagement
- beim Zeitmanagement
- beim Arbeiten im Team
- beim Projektmanagement
- beim Gründen eines Unternehmens

Was bedeutet dies im Einzelnen?

Das Schreiben eines Aufsatzes bzw. eines Buches:
Stellen Sie sich die Kernfragen und wandeln Sie die zwölf Schritte der Stoffreduktion aus Kapitel 2.3 in folgende zwölf Fragen um:

1. Wer sind meine LeserInnen?
2. Wie ist die Ausgangslage meiner LeserInnen?
3. Was sind meine Ziele/Hauptaussagen des Artikels bzw. Buches?
4. In welchem Zusammenhang steht meine Veröffentlichung mit anderen AutorInnen und Publikationen?
5. Was gehört alles nicht in meinen Text? Welche Veröffentlichungen bilden den Rahmen meines Textes?
6. Welches sind für mich die zentralen Themen, Schlagworte, Inhalte, Gedanken, Ideen zum Thema?
7. Auf welche fünf bis sieben Schlagworte – Ankerbegriffe – lassen sich diese Inhalte bündeln?
8. Wie stehen die Ankerbegriffe im Zusammenhang? Welches ist ein Grundlagenkapitel, was sind Randthemen?
9. Wie lässt sich der Gesamtzusammenhang visualisieren? Welches Gesamtbild soll sich durch meinen Text ziehen?
10. Was sind die Details in den einzelnen Absätzen bzw. Kapiteln?
11. Wie ist die Struktur in den einzelnen Absätzen bzw. Kapiteln? Ist sie linear oder gibt es Wechselbeziehungen?
12. Mit welchem Beispiel bzw. Prototypen kann ich meine Leser einfangen bzw. meine Inhalte exemplarisch und komprimiert belegen bzw. darstellen?

Das Selbstmanagement
Stellen Sie sich die Kernfragen und wandeln Sie die zwölf Schritte der Stoffreduktion aus Kapitel 2.3 in folgende zwölf Fragen für ein ganzheitliches Selbstmanagement um:

1. Was sind meine großen Lebensbereiche (Privatleben, Beruf etc.)?

2. Wie ist die Ausgangslage in meiner derzeitigen Lebenssituation, in meinen unterschiedlichen Lebensbereichen?
3. Was sind meine Ziele und Visionen in den verschiedenen Lebensbereichen?
4. In welchem Zusammenhang stehen meine verschiedenen Lebensbereiche?
5. Was gehört alles nicht in meine konkrete Lebenswelt? Was beeinflusst mich dennoch?
6. Welches sind für mich die zentralen Tätigkeiten, Menschen, Aufgaben in meinem Leben?
7. Auf welche fünf bis sieben Ankerbegriffe lassen sich meine zentralen Gedanken bündeln?
8. Wie stehen meine zentralen Ankerbegriffe (Aufgaben, Lebensbereiche, Menschen) im Zusammenhang? Welches ist ein Lebensbereich, der über allen anderen steht, was hängt womit zusammen und wovon ab?
9. Wie lässt sich mein gesamter Lebenszusammenhang in einem Bild visualisieren? Welches Gesamtbild kann dafür stehen? Welche Symbolik passt zu mir und motiviert?
10. Was sind die Details in den einzelnen Symbolen?
11. Wie ist die Struktur in meinem Arbeits-Lebensalltag? Wie hätte ich es gern?
12. Mit welchem exemplarischen Tagesverlauf, mit welcher Wochenplanung/Semesterplanung kann es mir in allen Lebensbereichen bzw. ganzheitlich gut gehen?

Das Zeitmanagement
Stellen Sie sich die Kernfragen und wandeln Sie die zwölf Schritte der Stoffreduktion aus Kapitel 2.3 in folgende zwölf Fragen für ein effektives Zeitmanagement um:

1. Was sind meine großen Aufgaben und To-Dos (beruflich und privat)?
2. Wie ist das Zeitbudget als Ausgangslage in meiner derzeitigen Lebenssituation, in meinen unterschiedlichen Lebensbereichen?

3. Was sind meine Ziele und Meilensteine in den verschiedenen Bereichen?
4. In welchem Zusammenhang stehen meine verschiedenen Arbeitsbereiche?
5. Was gehört alles nicht zu meinen konkreten Aufgaben? Was beeinflusst mich dennoch und raubt mir die Zeit (die sogenannten „Zeitkiller")?
6. Was sind die verschiedenen großen und kleinen Aufgaben in meiner Lebens- und Arbeitswelt?
7. Auf welche fünf bis sieben zentralen Aufgaben lassen sich meine vielen To-Dos priorisieren, fokussieren, bündeln?
8. Wie stehen meine zentralen Aufgaben im Zusammenhang? Welche steht über allen anderen? Welche meiner Aufgaben beeinflusst alle anderen? Was hängt womit zusammen und wovon ab?
9. Wie lässt sich mein Aufgabenspektrum visualisieren? Welches Gesamtbild kann dafür stehen? Wie sichere ich Pufferzeiten?
10. Was sind die Details, Teilaufgaben, Zeitkiller in den einzelnen Aufgabenfeldern?
11. Wie ist die Struktur in meinem Arbeitsalltag? Wie hätte ich es gern? Wie kann ich meine Zeit konkret (mit einem Stundenplan) planen?
12. Mit welchem exemplarischen Tagesverlauf, mit welcher Wochenplanung/Semesterplanung erreiche ich effektiv meine Meilensteine bzw. erledige ich meine Aufgaben zur eigenen Zufriedenheit?

Das Arbeiten im Team
Stellen Sie sich die Kernfragen und wandeln Sie die zwölf Schritte der Stoffreduktion aus Kapitel 2.3 in folgende zwölf Fragen für eine konstruktive Arbeit im Team um:

1. Wer sind die Beteiligten im Team? Wer gehört alles ins Team?

2. Wie ist die Ausgangslage im Team? Welche Teamerfahrungen haben alle Beteiligten? Sind sie freiwillig dabei?

3. Was sind gemeinsame Ziele? Welche Leitlinien der Zusammenarbeit gibt es bisher?

4. In welchem Zusammenhang arbeitet das Team (projektbezogen, abteilungsübergreifend, vergleichbar zu einer Abteilung)?

5. Wer und was gehört alles nicht ins Team und zu den Teamaufgaben? Was beeinflusst dennoch das Team und raubt Zeit und Energie bzw. gibt indirekt eine Richtung vor?

6. Was sind die verschiedenen großen und kleinen Rollen, Aufgaben, Ziele des Teams?

7. Auf welche fünf bis sieben zentralen Rollen und Aufgaben lässt sich die Teamarbeit fokussieren bzw. bündeln?

8. Wie stehen die zentralen Rollen und Aufgaben im Team in Zusammenhang? Welche steht über allen anderen? Welche der Rollen und Aufgaben beeinflusst alle anderen? Was hängt womit zusammen und wovon ab?

9. Wie lässt sich das Rollen- und Aufgabenspektrum visualisieren? Welches Gesamtbild kann dafür stehen?

10. Was sind Details, Nebenrollen, Teilaufgaben im Team?

11. Wie sieht die optimale Teamarbeit aus? Wie erreicht das Team sicher und zur Zufriedenheit aller Beteiligten gesetzte Ziele und Meilensteine?

12. Welche Aufgabenlösung könnte exemplarisch für die gute professionelle Arbeit in diesem Team stehen?

Das Projektmanagement

Stellen Sie sich die Kernfragen und wandeln Sie die zwölf Schritte der Stoffreduktion aus Kapitel 2.3 in folgende zwölf Fragen für ein erfolgreiches Projektmanagement um:

1. Wer hat einen Nutzen von diesem Projekt? Wer ist im weitesten Sinne daran beteiligt?

2. Wie ist die Ausgangslage für das Projekt? Welche Projektbeteiligten bringen welches Know-how und welche Erfahrungen mit?
3. Was sind die Projektziele und Meilensteine?
4. In welchem Zusammenhang steht das Projekt? Von welchen anderen Projekten und Arbeitsbereichen hängt das Projekt ab bzw. welche anderen Projekte und Aufgaben hängen von diesem Projekt ab?
5. Was gehört alles nicht zu diesem Projekt, könnte jedoch von anderen in diesem Projekt gesehen werden? Was bildet den Rahmen für das Gelingen dieses Projekts?
6. Was sind die verschiedenen großen und kleinen Aufgaben und To-Dos in diesem Projekt?
7. Auf welche fünf bis sieben zentralen Meilensteine lassen sich die Aufgaben und Beteiligten fokussieren und bündeln?
8. Wie stehen diese zentralen Meilensteine in Zusammenhang? Welche Reihenfolge ist sinnvoll? Welcher Meilenstein beeinflusst alle anderen? Was hängt womit zusammen und wovon ab?
9. Wie lässt sich das Projekt mit seinen Meilensteinen visualisieren? Welches Gesamtbild kann dafür stehen?
10. Was sind die Aufgabenpakete, Detailaufgaben? Wer übernimmt was, in welchen Aufgabenfeldern? Wie wird im Projekt die Pufferzeit gesichert?
11. Wie ist die Projektstruktur und Kommunikation im Projektalltag? Wie hätten es alle Beteiligten gern? Wie kann konkret (mit allen Beteiligten) geplant und gearbeitet werden?
12. Mit welchem exemplarischen Projektverlauf wird das Projekt – zur Zufriedenheit aller Beteiligten – erfolgreich umgesetzt?

Das Gründen eines Unternehmens – Zuerst die Idee
Stellen Sie sich die Kernfragen und wandeln Sie die zwölf Schritte der Stoffreduktion aus Kapitel 2.3 in folgende zwölf Fragen für eine erfolgreiche Unternehmensgründung um:

1. Wer ist die Zielgruppe des Unternehmens? Wer will und wartet auf diese Unternehmung?
2. Wie ist die Ausgangssituation auf dem Markt? Welche Marktbegleiter/Anbieter gibt es bereits? Wie ist die Erfahrung der GründerInnen?
3. Was sind die Ziele der neuen Unternehmung? Was sind die Alleinstellungsmerkmale?
4. In welchem Zusammenhang steht die Gründungsidee? In welche Branche, Sparte gehört sie? Wie „tickt" die Branche? Welche Themen sind in dieser Branche von Bedeutung?
5. Was gehört alles nicht zum Gründungsunternehmen? Welche Randthemen, Produkte, Angebote gibt es, die zwar interessant, nicht jedoch zum Kerngeschäft des Gründungsunternehmens gehören?
6. Was sind die verschiedenen großen und kleinen Angebote und (Dienst-)Leistungen des Gründungsunternehmens?
7. Auf welche max. fünf bis sieben zentralen Themen und Angebote lassen sich die vielen Inhalte und Ideen fokussieren, bündeln? Womit möchte das Unternehmen am Markt bekannt werden?
8. Wie stehen diese zentralen Angebote im Zusammenhang? Welches steht über allen anderen? Welche der Angebote beeinflusst alle anderen? Was hängt womit zusammen und wovon ab?
9. Wie lässt sich das Angebots- bzw. Produktspektrum visualisieren? Welches Gesamtbild kann dafür stehen?
10. Was sind die Details und Teilangebote? Wie sehen die möglichen Spezialangebote aus? Gibt es sie überhaupt?
11. Wie ist die Struktur der Angebote? Wie lassen sich die Angebote, Produkte und Dienstleistungen konkret planen und darstellen?
12. Welches konkrete Produkt kann prototypisch für das Unternehmen und seine Alleinstellung am Markt stehen?

Wenn Sie sich auf den Perspektivenwechsel einlassen, werden Sie sehr schnell bemerken, dass die vorgestellten Techniken der Stoffreduktion und -strukturierung ein Instrument sind, das sehr flexibel und wandelbar ist. Finden Sie selbst weitere Bereiche und Arbeitsfelder, in denen Ihnen das strukturierte und schrittweise Denken und Abarbeiten der konkreten Fragestellungen und Schritte helfen kann. Viel Freude dabei!

5.2 Literaturtipps

Aebli, H. (2003): Zwölf Grundformen des Lehrens – eine allgemeine Didaktik auf psychologischer Grundlage. 12. Aufl. Stuttgart.

Arnold, R. (2007): Ich lerne, also bin ich. Eine systemisch-konstruktivistische Didaktik. Heidelberg.

Arnold, R./Krämer-Stürzl, A./Siebert, H. (2005): Dozentenleitfaden. Planung und Unterrichtsvorbereitung in Fortbildung und Erwachsenenbildung. 2. Aufl. Berlin.

Arnold, R./Tutor, C.G. (2007): Grundlinien einer Ermöglichungsdidaktik. Bildung ermöglichen – Vielfalt gestalten. Augsburg.

Baader, M.S. (2008): Seid realistisch, verlangt das Unmögliche – Wie 1968 die Pädagogik bewegte. Weinheim.

Becker, H. (1993): Stofffülle und Stoffreduktion in der Weiterbildung. Weinheim.

Berendt, B./Voss, H.-P./Wildt, J. (2006): Neues Handbuch Hochschullehre. Lehren und Lernen effizient gestalten. Stuttgart.

Birkenbihl, M. (2008): Train the Trainer: Arbeitshandbuch für Ausbilder und Dozenten. 19. Aufl. Augsburg.

Birkholz, W. (2001): Der Weg zum erfolgreichen Ausbilder. 6. Aufl. Edewecht.

Bloom, B (1956): Taxonomy of Educational Objectives. New York.

Böss-Ostendorf, A./Senft, H. (2010): Einführung in die Hochschul-Lehre. Ein Didaktik-Coach. Stuttgart.

Cattell, R.B./Häcker, H./Schmidt, L.R. (1999): Die empirische Forschung der Persönlichkeit. Weinheim.

Döring, K.W./Ritter-Mamczek, B. (1998): Die Praxis der Weiterbildung. 2.Aufl. Weinheim.

Döring, K.W. (2008): Handbuch Lehren und Trainieren in der Weiterbildung. Weinheim.

Döring, K.W./Ritter-Mamczek, B. (2002): Lehren und Trainieren in der Weiterbildung. Ein Dozentenleitfaden. 10. Aufl. Weinheim.

Döring, K.W./Ritter-Mamczek, B. (2001): Lern- und Arbeitstechniken in der Weiterbildung- Erfolgreiches Selbstmanagement für Erwachsene. Weinheim.

Döring, K.W./Ritter-Mamczek, B. (1998): Medien in der Weiterbildung. 2. Aufl. Weinheim.

Dürr, H.-P. (2004): Auch die Wissenschaft spricht nur in Gleichnissen. Freiburg.

Dummann, K. u.a. (2007): Einsteigerhandbuch Hochschullehre. Aus der Praxis für die Praxis. Darmstadt.

Ehlers, U.-D./Gerteis, W./Holmer, T. (2003): E-Learning-Services im Spannungsfeld von Pädagogik, Ökonomie und Technologie. Lebenslanges Lernen im Bildungsnetzwerk der Zukunft. Bielefeld.

Erpenbeck, J./Heyse, V. (2007): Die Kompetenzbiografie. 2. Aufl. München.

Flechsig, K.-H. (1996): Kleines Handbuch didaktischer Modelle. Eichenzell.

Franck,N./Stary, J. (2006): Gekonnt visualisieren. Medien wirksam einsetzen. Paderborn u.a..

Fredersdorf, F./Meifert, M.T. (2006): In Bewegung: Von der betrieblichen Weiterbildung zur strategischen Personalentwicklung. Düsseldorf.

Grüntgens, W.J. (2000): Problemzentriertes Lernen statt didaktischer Prinzipien. München.

Heimann, P./Otto, G./Schulz, W. (1965): Unterricht – Analyse und Planung. Hannover.

Hilbert, G.H./Bower, E.R. (1997): Theorien des Lernens. 5. Aufl. Stuttgart.

Jank,W./Meyer,H. (2002): Didaktische Modelle. Frankfurt/Main.

Jüngst, K.L. (1992): Lehren und Lernen mit Begriffsnetzdarstellungen. Zur Nutzung von concept-maps bei der Vermittlung fachspezifischer Begriffe in Schule, Hochschule, Aus- und Weiterbildung. Frankfurt/M..

Kaiser, H. (2005): Wirksame Ausbildungen entwerfen: Das Modell der konkreten Kompetenzen. Bern.

Kellner, H.J. (2007): Was Trainer können sollten. Das neue Kompetenzprofil des modernen Trainers. 2. Aufl. Offenbach.

Klafki, W. u.a. (1969, 1970, 1971): Funkkolleg Erziehungswissenschaft. 3 Bände. Frankfurt/M..

Köhl, K. (1996): Seminar für Trainer. Das situative Lehrtraining: Trainer lernen Lehren. 3. Aufl. Hamburg.

Lehner, M. (2009): Allgemeine Didaktik. Stuttgart.

Lehner, M. (2006): Viel Stoff – wenig Zeit. Bern.

Lehner, M./Fredersdorf, F. (2003): Fachtrainings erfolgreich gestalten. Praxishandbuch für Trainer, Führungskräfte und Experten. Bern.

Macke, G./Hanke, U./Viehmann, P. (2008): Hochschuldidaktik: Lehren – vortragen – prüfen. Mit Methodensammlung. Weinheim.

Meder, N (2000). Didaktische Ontologien. In Ohly, H.P./Rahmstorf, G./Sigel, A.: Globalisierung und Wissensorganisation. Frankfurt/M.

Meier, H. (1995): Handwörterbuch der Aus- und Weiterbildung: 425 Methoden und Konzepte des betrieblichen Lernens mit Praxisbeispielen und Checkliste. Berlin.

Meier, R. (2003): Seminare erfolgreich planen. Ein didaktisch-methodischer Handwerkskoffer. Offenbach.

Meueler, E. 2010: Didaktik der Erwachsenenbildung – Weiterbildung als offenes Projekt. In: Tippelt, R./von Hippel, A. (Hrsg.) 2010: Handbuch Erwachsenenbildung/Weiterbildung, S. 973–987, Wiesbaden (4. Aufl.)

Meyer, H. (2009, 2010): Unterrichtsmethoden. Band I: Theorie, Band II: Praxis. 13. Aufl. Frankfurt/M..

Meyer, H. (2004): Was ist guter Unterricht? Berlin.

Meyer-Drawa, E. (1986): Das Risiko des Lernens. In: Lernen – Ereignis und Routine. Jahresheft IV 1986 Velber; S. 138ff.

Neumann, K./Osterloh, J. (2002): Gute Lehre in der Vielfalt der Disziplinen. Weinheim.

Ohly, H.P./Rahmstorf; G./Sigel, A. (2000): Globalisierung und Wissensorganisation: Neue Aspekte für Wissen, Wissenschaft und Informationssysteme. Fortschritte in der Wissensorganisation. Würzburg.

Ott, B. (1997): Grundlagen des beruflichen Lernens und Lehrens. Berlin.

Peterßen, W.H. (2009): Kleines Methoden-Lexikon. 3. Aufl. München.

Pfäffli, B.K. (2005): Lehren an Hochschulen: Eine Hochschuldidaktik für den Aufbau von Wissen und Kompetenzen. Bern.

Reich, K. (2008): Konstruktivistische Didaktik. Lehr- und Studeinbuch mit Methodenpool. 4. Aufl. Weinheim.

Ritter-Mamczek, B./Lederer, A. (2009): splendid Bildvergnügen – Visualisieren für Menschen, die vor Menschen stehen. Berlin.

Ritter-Mamczek, B./Lederer, A. (2010): splendid. Räder – Vergnügt Struktur geben. Berlin.

Sarges, W./Fricke, R. (Hrsg.) (1986): Psychologie für die Erwachsenenbildung – Weiterbildung. Göttingen.

Schaub, H./Zenke, K.G. (2008): Wörterbuch Pädagogik. Neuaufl. München.

Schulz, W. (1981): Unterrichtsplanung. Mit Materialien aus Unterrichtsfächern. 3. Aufl. München.

Seifert, J.W./Pattay, S. (2009): Visualisieren – Präsentieren – Moderieren. 23. Aufl. Bremen.

Siebert, H. (2006): Didaktisches Handeln in der Erwachsenenbildung: Didaktik aus konstruktivistischer Sicht. 5. Aufl. Berlin.

Sloane, P.F.E. (1999): Situationen gestalten. Von der Planung des Lehrers zur Ermöglichung des Lerners. Schwaben.

Spitzer, M. (2002): Lernen. Gehirnforschung und die Schule des Lebens. Heidelberg.

Spitzer, M. (2004): Selbstbestimmen. Gehirnforschung und die Frage: Was sollen wir tun? Heidelberg.

Vester, F. (2009): Denken, Lernen, Vergessen. 33. Aufl. München.

Waldherr, F.(2009): Didaktik mal praktisch. Ideen und Methoden für die Hochschullehre. Stuttgart.

Wildt, J. (2006): Ein hochschuldidaktischer Blick auf Lehren und Lernen. In: Berendt/Voss/Wildt (Hrsg.): Neues Lehren in der Hochschullehre, Berlin.

Will, H. (Hrsg.) (1994): Mit den Augen lernen. 5 Bände. Weinheim.

Winteler, A. (2008): Professionell lehren und lernen. 3. Aufl., Darmstadt.

Wörner, A. (2006): Lehren in der Hochschule: Eine praxisbezogene Anleitung. Wiesbaden.

5.3 Links

www.afh.uzh.ch
www.dicfo.at
www.dghd.de
www.lehridee.de
www.ruhr-uni-bochum.de/lehreladen
www.splendid-akademie.de/schatz

6 Schlagwortindex

„Es gibt mehr Schätze in Büchern
als Piratenbeute auf der Schatzinsel
und das Beste ist,
du kannst diesen Reichtum
jeden Tag deines Lebens genießen."
(W. Disney)